U0694873

RESEARCH ON SPATIAL DEVELOPMENT AND
TRANSFORMATION OF DEVELOPMENT ZONE

开发区空间发展与转型研究

王峰玉　闫　芳◎著

经济管理出版社
ECONOMY & MANAGEMENT PUBLISHING HOUSE

图书在版编目（CIP）数据

开发区空间发展与转型研究/王峰玉，闫芳著 . —北京：经济管理出版社，2020. 11
ISBN 978 - 7 - 5096 - 7540 - 3

Ⅰ.①开… Ⅱ.①王…②闫… Ⅲ.①开发区建设—研究—广州 Ⅳ.①F127. 651

中国版本图书馆 CIP 数据核字（2020）第 164878 号

组稿编辑：丁慧敏
责任编辑：丁慧敏　张莉琼
责任印制：黄章平
责任校对：王淑卿

出版发行：经济管理出版社
　　　　　（北京市海淀区北蜂窝 8 号中雅大厦 A 座 11 层　100038）
网　　址：www. E - mp. com. cn
电　　话：（010）51915602
印　　刷：北京虎彩文化传播有限公司
经　　销：新华书店
开　　本：720mm×1000mm/16
印　　张：11. 75
字　　数：204 千字
版　　次：2020 年 11 月第 1 版　2020 年 11 月第 1 次印刷
书　　号：ISBN 978 - 7 - 5096 - 7540 - 3
定　　价：59. 00 元

·版权所有　翻印必究·

凡购本社图书，如有印装错误，由本社读者服务部负责调换。
联系地址：北京阜外月坛北小街 2 号
电话：（010）68022974　邮编：100836

前　言

开发区是我国改革开放的产物，建立之初以"三为主、一致力"为定位，即以利用外资为主、以工业项目为主、以出口为主，致力于发展高新技术。开发区不仅是各个城市强劲的经济增长点、外向型经济的主阵地、创新体系的核心区和改革开放的前沿，也是推动城市化的重要动力和主要载体。随着国内外环境的变化，开发区经历过发展热潮，也遭遇过低谷，不同类型、不同层次、不同区位的开发区也出现了明显的分化和分异，呈现出不同的发展路径。一些沿海的大型国家级开发区发展势头良好，从工业园区转型为综合性的新城区，而一些中西部、地方性开发区在激烈的竞争中衰落，走向整合或撤并。随着国家创新驱动战略的实施，开发区在新一轮的发展中正承担着新的角色和任务，面临着功能的转型和空间的优化。

开发区一般选址在城市的近郊或者远郊，与城市保持一定的距离，相对独立，被称为"孤岛"。随着三十多年的发展，很多开发区空间不断扩张，与周边地区融合发展，与城市联系加强。随着开发区功能定位的调整，其产业特征、空间特征都在不断变化，其自身空间结构和功能格局不断优化，产城融合不断加强，对所在城市空间形态、地域空间结构产生重要影响，成为中国城市化进程中重要的空间要素。在创新驱动的背景下，开发区正在向创新型的科技新城方向发展，重点发展高新技术产业，营造创新氛围，这就对其城市功能、空间品质、生态环境、文化特质等提出新的要求。因此，从空间角度来看，开发区一方面面临早期产业空间的更新改造和功能完善，另一方面也在寻求新的发展空间，以满足新一代创新型高新技术产业布局的需求。开发区和其周边地区正面临更高层面的统筹协调，需要做好分工合作和空间的优化。因此，非常有必要开展开发区空间拓展、演化、空间效应和空间转型的相关研究。

早期对开发区的相关研究较多集中在选址、区位、发展战略和定位、产业选择、空间布局、土地效益等，也关注开发区的经济效益及相关经济指标体系的构建、管理体制、不同开发区的比较等。随着国内外环境的变化，结合开发区自身的生命周期，学者开始关注开发区的功能转型、发展方向和自身的空间演变、与周边地区的关系等。但总体来说，在对开发区的空间演变及与周边地区的空间重构方面的研究较少，且多集中在总体的宏观层面和中观层面的分析上，结合具体案例的微观层面的空间研究相对较少。

　　本书以城市地理学为研究视角，结合城市规划学、城市经济学、城市社会学等学科的研究理论与方法，在对开发区发展历程和发展阶段总结的基础上，以广州开发区为主要案例，分析广州开发区三十多年来的发展阶段、空间演变及产生的空间效应，阐述造成这种变化的动力机制，揭示开发区空间转型的方向和特征，同时也对其他不同层次、不同地域的开发区案例进行分析。

　　具体来说，首先本书第一部分总结了国内外关于开发区研究在不同视角下、不同阶段的研究内容，按照时间主线对经济技术开发区和高新技术开发区的相关研究进行文献综述，重点对开发区的转型及与城市、区域之间的关系研究进行了梳理，在此基础上，提出了本书的研究设计。第二部分对开发区发展相关的基础理论进行阐述，包括产业集聚理论、新产业空间理论、增长极理论和城市空间结构理论等。第三部分对开发区的发展历程、发展阶段和发展战略进行研判，认为开发区面临着四个方面大的战略问题，即其功能定位从"工业区"转变为"综合性新城区"，产业构成从单纯外向型到内资和外资并重、内向型和外向型结合的产业构成转变，发展模式从"孤岛"状的封闭模式向突破地理界线与周围地区一体化的模式转变，体制从准行政区向行政区过渡，并结合广州开发区的案例，分析其发展阶段的特征。第四部分在总结开发区空间演变一般规律的基础上，分析广州开发区的地域空间演变过程、功能与空间布局演变特征、空间演变趋势等。第五部分对开发区对城市空间重构的影响特征进行总结，并对广州开发区对广州城市空间拓展、对广州城市地域结构的影响进行分析。第六部分从政府政策、企业带动和产业发展等方面分析开发区空间发展的动力机制。第七部分分析开发区空间转型的背景、面临的问题、转型的策略等，并结合广州开发区的案例，分析其空间转型的方向、思路和模式。第八部分结合河南省的产业集聚区建设，分析从开发区向产业集聚区转型的可行性和必要性，总结河南省产业集聚区面临的问题和发展策略，并对郑州高新区和平顶山高新区的案例进行分析。第九部分对全国范围内发展较好的天津开发区、昆山开发区进行分析，总结其发展阶段及转型发展的方向和路径，也选择地方性开发区即安徽桐城双新开发区进行案例分析，比较其面临的问题和其转型发展的方向。

  本书是笔者多年来对开发区持续追踪研究的成果总结。从学生时代关注开发区开始，十多年来，笔者多次到广州开发区、郑州高新区、平顶山高新区等全国各地开发区实地走访调研，搜集各种资料，也进行了大量的文献分析，开展了扎实的学术研究。希望本书的出版能作为一个新的起点，开启笔者在新时代背景下开发区研究的新篇章。

目　录

第1章 绪论

1.1 研究背景

中国的开发区建设始于 1984 年，并伴随着改革开放的不断深入和国内外环境的不断变化，经历过多次的发展热潮和清理整顿，逐渐形成了一个包括国家和地方级别的，以经济技术开发区和高新技术开发区为主要类别的开发区体系。截至 2018 年，中国共有国家级开发区 552 个，其中经济技术开发区 219 个，遍及我国东、中、西的大部分地区。

开发区最初设立的目的是吸引外资、出口创汇和发展高新技术产业，其发展经历了不同的发展阶段。初创时期，开发区借助于优惠政策、地价和劳动力优势，吸引外资，引进大量的劳动密集型产业，赚取第一桶金；邓小平的"南方谈话"之后，开发区迎来了繁荣发展的时期，大量的各级各类开发区建立，外资的数量有很大增长，技术含量也在提升，对经济增长的贡献越来越大；进入 21 世纪，随着我国加入世界贸易组织，开发区的政策优势丧失，土地空间不足，劳动力成本上涨，资源和环境的约束压力变大，开发区内原有企业的利润空间不断压缩，开发区面临着巨大的转型压力，开发区在发展方向、产业选择、空间发展、与母城关系等方面都需要重新思考和定位。总的来说，经过三十多年的发展，开发区成为城市经济发展的增长极、外向型经济的主阵地、创新体系的核心区和改革开放的前沿，在对城市经济做出巨大贡献的同时，一些国家级、大型的开发区已经脱颖而出，空间不断拓展壮大，逐渐摆脱最初的"孤岛"状态，开始改变城市的空间形态和空间格局，成为城市化的重要动力和主要载体，是我国转型期城市空间重构的主要动力和重要内容，对我国城市未来的空间扩展产生重要影响。

随着国内外环境的变化和开发区自身的发展分化，开发区普遍面临着转型发展。一方面，国家发展战略对"自主创新""和谐社会""生态文明"的关注日益增强，另一方面，开发区本身存在着外资优惠政策到期、土地开发失控等问题，开发区之间的相互竞争及与母城之间的竞争加剧，因此，如何实现开发区的可持续发展，如何实现开发区的产业和空间转型，如何协调开发区和母城的关系，成为未来开发区面临的亟待解决的问题。

开发区自成立以来就受到了学界和业界的关注，并开展了大量的研究工作。来自于开发区建设一线的"实践派"，较多关注微观层面，关注某一个具体的开发区，主要的研究集中在政策、体制、管理等方面，其工作较为具体、细致，但通常缺乏从具体到抽象、从个体到普遍、从现象到规律的升华和提炼；来自于大学和科研院所的"学院派"研究者较多关注宏观层面，主要包括开发区的经济效益及相关指标体系构建、产业发展、土地利用、用地效益和空间布局、开发区与周边区域的关系、管理体制、发展战略、发展方向等，比较注重较大尺度空间和高层次管理理论方面的问题，力求把握开发区发展的内在机制并建立广泛意义的通用模型，系统性和理论性较强（郑国，2010）。

本书是笔者十几年来对开发区研究的总结，以城市地理学为研究视角，结合城市规划、经济学、社会学等学科的研究理论与方法，在对中国开发区的发展历程、发展战略等宏观问题分析总结的基础上，结合广州开发区等案例的实证研究，总结开发区的空间扩展、空间转型及与城市的空间重构特征，分析其动力机制，并提出产城融合的空间转型策略和规划途径。

1.2　概念界定

目前开发区没有严格学术意义上的统一定义。

开发区是我国改革开放以后在为吸引外资、引进技术和管理经验、增加出口的背景下产生的。从国家最初开放的经济特区到沿海地区的经济技术开发区，再到中西部大城市的经济技术开发区，从保税区到出口加工区，从研究开发高新技术的高技术开发区到各种科技园，这些以引进外资为主来推进工业化进程的开发区大量产生。随着开发区对地方经济发展的作用和贡献越来越明显，发展外向型经济促进地方经济快速发展成为很多政府的共识，全国各地各级政府包括省、市、县、镇、村都在竞相建立各类工业开发区或工业园区，以引进外资，推动地方经济的发展。从广义上来讲，这些工业园区也属于开发区的范畴，并且很多本身就被地方政府冠以了开发区的名字。与此同时，利用优惠政策进行大面积开发的新区，如大学城、旅游度假区等也被认为是开发区。总之，开发区的种类繁多，含义较广。

开发区是一个多层次和内容复杂的体系。关于开发区的分类，也有很多种分法，按性质分有高新技术产业开发区（归口管理：国家科学技术部）、经济技术开发区（归口管理：国务院特区办）、保税区（归口管理：国家海关总署）、旅游度假区（归口管理：国家文化和旅游部）、出口加工区、边境经济合作区、商贸中心区、社会改革综合试验区等特殊经济区域和政策区域；按功能分有贸易型、工贸型、科技园型、综合型；按政策分有特区型、经济技术型、高新技术型、保税区型、地方型等；按发展的地域过程即与城市的区位关系来分有边缘型、卫星型、拓荒型、中心型等（见表1-1）。

表1-1　城市开发区的类型划分

按性质分类	按功能分类	按政策分类	按地域过程分类
经济技术开发区 高新技术产业开发区 保税区 旅游度假区 出口加工区 边境经济合作区等	贸易型 工贸型 科技园型 综合型	特区型 经济技术型 高新技术型 保税区型 地方型	边缘型 卫星型 拓荒型 中心型

资料来源：何兴刚．城市开发区的理论与实践［M］．西安：陕西人民出版社，1995．

何兴刚（1994）从城市的角度，用"城市开发区"的概念将以城市为依托，有明确的面积界限，集中进行基础设施建设，塑造配套的管理服务环境，实行有利于吸收外资的特殊优惠政策等的区域统领起来，包括经济技术开发区、高新技术产业开发区、保税区、出口加工区等，来探讨它们的共同特征。一般文献中对所谓的"开发区"的研究大致也就是这四类开发区,本书所指的开发区大致相当于"城市开发区",包括依托城市建立的各类开发区,其中主体是经济技术开发区和高新技术产业开发区。经济技术开发区和高新技术开发区的相对数量大,对社会经济的贡献多,影响力比较明显,在我国的区域经济发展中发挥了重要作用,人们已经习惯上将两者合称为开发区。随着社会经济管制的放松,这两类区域在功能、体制和行为上都出现了一系列趋同现象,因此将两类开发区统称为开发区是比较准确的,其中,由于经济技术开发区建立较早,职能较强,承载的企业实力较强,影响力较高新区更大一些(鲍克,2002)。

开发区在我国的产生有其特殊的国内国际背景。国际背景为:新国际劳动分工、经济全球化、国际产业结构的调整。国内背景为:经济体制改革、对外开放、资金技术管理等的短缺、城市产业结构调整和城市空间结构重组等。因此,从需求和供给两方面产生了我国建立开发区的必要性和可行性,经济技术开发区等各类开发区也就应运而生了。但从以上的背景可以看出,开发区具有中国特色,是在特殊背景下产生的,虽然也在某种程度上借鉴了国外的自由港、出口加工区等的经验,但同国外的各类开发开放区有着本质的区别,据了解,国外还没有一个以经济技术开发区命名的开发区,国外有关此类文献的研究与中国的实际情况有一定的偏差,因此本书的文献综述部分以国内为重点。

1.3 国内研究综述

在各类开发区中,由于经济技术开发区和高新技术开发区相对数量多,对社会经济的贡献大,其影响力明显,同时它们在功能、行为、体制等方面又表现出一定的趋同性,因此通常说的开发区指的是这两类。但是高新技术开发区与经济技术开发区仍有一定的差异,在发展目标、区位选择、主管部门、主体水平等方面都存在不同点,学者对两类开发区所关注的问题和侧重点也有所不同,因此本书在综述时将高新技术开发区与经济技术开发区区别开来。

1.3.1 经济技术开发区的研究

在我国的对外开放历程中，最先划定了五个经济特区。魏清泉[①]认为，经济特区就是国家在其领土范围内划出的，为外国投资者提供减免关税和劳动力、市场等优惠条件的一定区域，是一种对外开放、对内实行不同于国内其他地区的管理方式并适当隔离的特殊经济区域。继经济特区的巨大成功之后，我国开始推行进一步的开放步伐。经济技术开发区始建于 1984 年，是在沿海开放城市和其他开放城市辖区内划定小块区域，通过搞好投资硬环境和完善投资软环境，引进外资，兴办工业项目，加工出口产品，致力于发展高新技术产业。经济技术开发区在对外开放、吸引外资、促进区域经济发展方面起到了窗口、辐射、示范和带动作用，已经成为我国国民经济新的增长点，在区域经济结构调整和产业结构调整方面起到了很重要的作用。一般认为，开发区是城市空间结构调整的主要载体，是区域经济增长的主要空间，是外商投资最密集的区位，在城市中产业结构的层次较高，且开发区内通常有大中型的工业企业来推动全区的经济增长。而开发区发展的主要动力包括政策作用力、跨国公司的外部作用力、市场作用力、学习和创新能力及社会文化作用力等的相互作用（张晓平，2003）。

经济技术开发区在我国的发展最初是跟国外的出口加工区相吻合的，随着国内外环境的变化不断地调整和转变，学者的研究视角和关注的焦点也在不断变化，研究动态与开发区的发展阶段、发展特征等联系较大，因此下文按照时间的主线主要分三个阶段来进行综述。

（1）20 世纪 80 年代中后期到 90 年代初。

这段时期我国的开发区正处于起步和发展阶段。对开发区的研究多集中在对国外的开发区形成和发展经验的介绍，如世界开发区的演进、类型、分布布局和功能分析等，国内开发区的建设和规划、区位的选择、发展性质、发展战略等。

徐辉（1994）对国外依托大学而建立高科技开发区进行了总结，提出了对中国的启示。梁运斌（1994）对世界开发区的发展演进、类型和功能等进行了分析，以供国内开发区借鉴。董鉴泓（1991）对我国东部沿海地区经济技术开发区的发展和规划进行了深入的探讨。魏心镇等（1992）对我国高新区的区位进行了比较，对它的推进机制进行了论述。许自策、蔡人群等（1988）和朱秉衡

① 魏清泉. 中国大百科全书·地理学 ［M］. 北京：中国大百科全书出版社，1990.

（1988）对广州经济技术开发区的性质和发展战略进行了论述。魏清泉（1987）对广州经济技术开发区的选址问题进行了探讨。对 90 年代初我们国家出现的开发区过热现象也给予了一定的关注，很多学者从不同的角度进行了理性的反思，并提出了一些相应的对策和建议。

（2）20 世纪 90 年代中后期。

这个阶段我国开发区得到了蓬勃的发展，研究者把目光从关注国外开发区建设的经验转移到国内开发区出现的一些新问题，如开发区的二次创业、开发区的功能定位、开发区的产业同构现象与优化、开发区管理体制和机构的改革和创新、开发区的发展周期、开发区与城市在空间上的协调等，同时对开发区的高新技术产业在辐射和带动区域发展方面也有所探讨。还有学者分析了亚太地区开发区建设的背景与特点。

开发区的功能定位在一定程度上指明了开发区的发展方向。王合生、虞孝感、许刚等（1998）通过对无锡市开发区的分析，从宏观方面提出经济新的增长区、高新技术的密集区、改革开放的示范区和现代化的新城区等几个方面的发展方向和功能定位。

开发区这一时期在产业结构上出现了大量的同构现象，空间上也是一种无秩序的状态。部分学者从我国的整体情况来探讨开发区的合理布局与地域之间的协调、优化。张荣等（1997）以成都为例，对开发区群体的布局的合理性进行了分析，并针对存在的问题提出了协调管理的对策和建议。在管理模式和体制方面，有学者将国内外开发区的管理模式进行分析比较，根据我国的实际情况，力争在管理体制和机构上进行改革和创新。郑静、薛德升、朱竑（2000）等对开发区的生命周期进行了探讨，认为城市开发区一般要经历起步、发展、分异和成熟四个发展阶段，政府可以根据这一规律对同一发展阶段和状况的开发区给予正确的引导和调控，以扭转开发区发展混乱、规模失控、性质雷同的状况。陆玉麒（1998）针对苏州工业园在高新技术产业化过程中对区域的辐射带动作用，对周围乡镇在城市规划建设、产业结构调整和改善基础设施等方面做了实证的论述。同时，还有部分学者是用增长极和孵化器的理论分析和解释开发区的区域效应，阐述开发区所引进的高新技术产业对区域和城市的影响（王辑慈，1998）。对于开发区与城市在空间上的协调也有学者涉及，陈文晖等（1997）以陕西为例，从实证的角度对开发区在城市的选址、规模和用地构成、开发时序的确定进行分析，并提出了开发区与城市在空间上协调发展的建议。很多学者从国际劳动分工和制造业转移的角度，分析东南亚等亚太地区的经济开发区出现的成因及发展的态势。

（3）21世纪以来。

随着我国加入世界贸易组织（WTO），外资的超国民待遇趋于结束，政策优惠的时代也将终结。以引进外资为主的开发区面临着生存环境的巨大变化，开发区面临着思路的调整和转变。越来越多的学者开始关注开发区本身的空间演变，开发区土地的利用效益与可持续发展，开发区的产业发展，开发区与城市的相互关系及对区域和城市的影响和带动作用，开发区与城市空间结构上的演进等。对开发区的功能定位也从新的角度进行，尽力开发它的城市化功能。同时在这个时期，有关开发区的管理体制和发展战略的较系统的专著开始出现。

刑海峰（2003）分析了天津经济开发区自诞生以来其空间演变的过程和特征，在此基础上，综合其内外部环境条件发生的变化和面临的新形势，对开发区空间未来演变的趋势做了预测分析。王兴平、崔功豪（2003）研究了中国开发区的空间规模和效益。通过比较分析认为，我国开发区的规模与国际相比偏大，而开发区的地均效益远远低于国际标准，主要原因是开发区空间扩张中存在的非产业因素的促动，形成了土地利用中独特的以土地闲置为特征的"光圈"效应和"蜂窝"效应，最后提出了一个评价开发区土地利用效益的指标体系与方法。何书金、苏光全（2001），刘彩霞（2001），龙华楼、蔡运龙、万军（2000），张晓平、陆大道（2002），吴旭芬、孙军（2000）对开发的土地利用问题、土地的闲置、土地的类型划分以及可持续利用等问题进行了研究。张艳（2009）指出国家级开发区普遍存在以"一区多园"以及"政区合一"等形式实现空间"扩界"的现象，而土地的低效使用、地方政府的发展诉求以及地方政府支配资源的能力共同促成了这种不断的"扩界"行为，继而对开发区的"合理规模"以及"四至范围"划定的探讨提出质疑。朱友华等（2004）通过建立指标体系，对长春经济技术开发区的综合效益进行了定量分析，用各种指标数据和转移份额法分析了其对长春市的经济发展的总量贡献，同时也阐明了其对长春市的经济结构贡献表现在优化所有制结构、提升工业化水平、促进新老城区一体化等方面。邓丽姝（2007）认为，开发区的产业发展受到城市所处的工业化阶段的影响，当城市进入工业化后期时，"开发区服务"应成为开发区奋斗的目标。开发区的生产性服务业在一些发达地区已呈现出快速发展的态势。

开发区与城市、区域的相互关系是与开发区的发展阶段相联系的，王慧

（2003）的研究显示，开发区的发展大致有四个阶段：成型阶段、成长期阶段、成熟期与后成熟期阶段。在不同的发展阶段，开发区有着不同的增长机制，也有着不同的功能和空间特征，与所依托的城市和地区的关系也有所不同，用增长极机制基本上可以解释这一过程。开发区发展对城市的空间规模、形态以及空间增长方式、产业空间结构、人口与社会空间结构、各功能区段之间的关系、城市化与郊区化进程等方面都有着显著的影响效应，从而可催化带动都市区域的空间重构。张弘（2001）以长江三角洲地区为例，探讨了开发区带动区域整体发展的城市化模式，认为开发区是发展经济的一种特定的组织形式，开发区创设的结果之一是极大地推进了所在区域及城市的城市化进程，通过对位于长江三角洲地区内的各开发区城市化发展过程的分析，提出以开发区为先导带动区域整体发展是当代中国极富特色的城市化模式之一。张晓平、刘卫东（2003）结合对开发区的实地调研，提出我国开发区与城市空间结构演进的基本类型可分为双核结构、连片带状结构、多极触角结构等，并指出开发区与城市空间结构的演进主要是跨国公司主导的外部作用力、城市与乡村的扩散力和开发区的积聚力共同作用的结果。开发区的建设和发展，在较短的时期内完成了产业和人口的集聚，实现了城市地域空间和人口规模的跨越式增长和产业结构的转型，因此有学者把开发区带动地区城市化的方式称为城市化的"开发区"模式（王宏伟等，2004）。徐寿根（2001）从社区的角度研究认为，开发区要推进城市化的进程，改善投资环境，就要重视开发区的社区变迁和社区建设，从组织、服务、制度、精神文明等方面加强努力。

随着越来越多的开发区面临分化和转型，学者开始关注开发区的转型发展方向、策略和动力机制等问题，并结合具体的开发区实例进行实证研究，王雄昌（2011）认为，开发区的升级和转型主要是通过其自身的集聚与扩散效应来实现的，并且开发区转型的动力因素包括外部动力、内部动力及耦合动力，外部动力是指经济全球化的压迫力和宏观政策的策动力，内部动力是指产业集聚与转移的动力、产业升级和功能升级的推动力。张艳（2007）、栾峰（2007）、车旭（2012）、葛丹东（2009）、王兴平、袁新国（2011）、郑可佳（2014）等分别对苏锡常、常州、上海、杭州、南京、苏州等地的开发区的转型和再开发问题进行分析。

鲍克（2002）在其著作中系统地探讨了开发区的微观体制设计问题。皮黔生、王恺（2003）在其专著中提出开发区要"走出孤岛"，从战略的高度提出了开发区的发展方向，较系统地介绍了开发区的发展历程、开发模式、体制创新、产业发展等。雷霞（2007）认为，我国开发区管理体制形成了三种稳定的类型：政府主导型、企业主导型和政企混合型，它们不同程度上促进了我国开发区的发展和建设，同时面临着越来越多的困难和挑战。

1.3.2 高新技术开发区的研究

高新技术开发区在我国20世纪80年代末开始有零星的出现，大规模的发展是在90年代早期，最初是为了配合国家的"863"计划和发展高科技的发展战略，目的是推动产业向知识和技术密集型转移及产业机构的升级。一般认为，我国第一个高新技术开发区是北京的中关村电子一条街。高新技术开发区也被称为"科技工业园""科学城""高技术带"等。与经济技术开发区相比，高新技术开发区的设立的时间集中、数量密度高。高新技术开发区的设立主要有几个目的：①更好地实施高新技术成果的商品化、产业化、国际化，发展高新技术产业基地；②把高新技术及产业向传统产业扩散，促进我国传统产业的结构调整、技术改造与更新换代；③进行深化体制改革的实验；④推进科技与经济一体化；⑤培育科技企业家和专业人才。此外，高新技术开发区的创办是为了解决长期以来我国科技和经济"两张皮"的问题。高新技术开发区一般分布在大中城市高等院校、研究所集中的区域，智力、技术和人才相对密集。随着改革开放政策的实施与经济快速发展，高新技术产业在经济发展中的地位和作用越来越得到认识，而对高新技术开发区的研究也得到了学者的相应重视。

国内对高新技术开发区的研究，主要集中在以下几个方面：

（1）介绍世界高新技术开发区的发展情况。

20世纪80年代末至90年代初，我国学者介绍了国外高新技术开发区的区位选择、发展背景和条件、运行机制等的内容，以供我国高新技术开发区在选址、管理等方面的借鉴。近年来，转为对高新技术开发区的成功经验的探讨，总结归纳出园区的构成要素，并对比国内外园区的管理模式，提出改革和创新的建议。

（2）高新技术开发区的区位选择、类型、发展建设以及空间布局。

魏心镇、王辑慈等（1993）对高新区的发展和布局进行了深入的探讨，其《新的产业空间——高技术产业开发区的发展与布局》一书是我国第一部完整的论述高技术开发区区位理论的论著，具有重要的学术意义。该书从高技术产业的特点出发，全面概括出了高新技术开发区的空间发展规律，为其区位选择和规划建设提供了科学依据；同时运用区域分析的方法，深入探讨了高新技术开发区的形成发展，对国外很多地区的高技术园区的起源、发展阶段、开发方式进行了分析，对我国的 27 个高新技术开发区采用定量分析方法，对其宏观区位和发展水平进行了全面的比较分析。陈汉欣（1999）阐述了我国高技术开发区的五种类型（政策区、新建区、中外共建区、大学科技园、民办科技园）、三类布局形式和空间分布的状况。郑静（1999）对广州市高新技术开发区的发展与区位布局进行了实证研究。高密来等（1994）从中国高新技术产业开发区的创建特点出发，分沿海、内陆、沿边三个地区对所在开发区的发展条件、目标进行分析，提出针对我国高新技术产业开发区空间结构的优化思考。

（3）高新技术开发区的评价、发展思路及定位。

范柏乃、江蕾（1999）通过总收入、利润、纳税、出口创汇以及 R&D（研究与试验）投入等指标对我国 1992～1996 年国家高新技术开发区进行了全面的评价，分析了发展中存在的现实问题，并提出了对策建议。黄宁燕、梁战平（1999）选取指标用聚类分析的方法对我国高新技术产业开发区的发展状况和趋势进行了分析。窦江涛（2001）研究了高新技术产业开发区可持续发展评价指标体系。郑斯彦（2001）指出高新区不同于经济技术开发区，要把握"发展高新技术产业的基地"内涵，科学制定发展战略，强化创新创业的软环境营造，并在产业服务上不断创新。曹敏娜、王兴平（2003）从区域、产业和社会文化三个角度对南京高新技术开发区的功能定位进行了研究，认为高新技术开发区承担着"增长极"的区域功能，应该选择符合国家导向并切合当地实际的产业进行发展，并注意培育高新技术开发区的社会功能以作为高新区持续发展的保障体系。吴煜、刘荣增（2003）在我国高新技术开发区纷纷喊出"二次创业"的口号的情况下，用因子分析法对我国国家级高新技术开发区进行了定量分析，并把评价结果与 1994 年的情况进行对比，反映各地区高新技术开发区发展演变的最近动态。武增海等（2013）运用 DEA 模型对 56 个国家级高新技术开发区的技术效率、规模效率与规模报酬进行分析，认为我国高新技术开发区纯技术效率和规模效率偏低，大多处于规模报酬递增阶段，且东部、中部、西部在空间分布上存在显著差异性。

（4）高新技术开发区与区域发展的关系。

王缉慈（1998）研究了高新技术产业开发区对区域发展影响的分析构架，借用增长极理论和孵化器理论来分析高新技术开发区对区域发展的影响，以此来解释我国高新技术开发区发展所取得的成果和存在的问题，并了解目前所处的发展阶段。陆玉麒、余玉祥（1998）分析了苏州工业园，认为它成为江南地区高技术产业发展辐射源的核心区域，使周围乡镇规划水平提高，有利于强化对海内外吸引力，推动产业结构调整，成为该区域国际经济管理经验的实验和示范基地。阎小培（1998）以广州市天河高新技术产业开发区为例，说明天河高新技术产业开发区发展将进一步促进广州科技城的形成和发展，从而使城市工业升级换代，成为新的增长点，决定广州社会经济发展和地域扩张的未来趋势，促进国际中央商务区（CBD）的产生。李平（1998）将高新技术开发区和传统的城市社区进行比较，并分析了此高新技术开发区对城市社区产生的影响。

1.3.3 开发区转型发展及与城市和区域之间的关系研究

开发区在我国经过 30 多年的发展，自身和外部条件都发生了很大的变化，在实践中很多开发区纷纷喊出了"二次创业"甚至"三次创业"的口号，开始对开发区进行重新定位和战略的思考；学者也开始试图总结开发区的发展成长周期，提出开发区转型发展的战略和规划实施策略，并从对城市和区域影响的角度展开开发区与周边关系研究，以期使开发区保持持续增长的潜力，取得经济效益、社会效益和生态效益的全面发展。

（1）开发区的发展阶段。

开发区有其自身的生命周期和发展阶段，开发区对城市和区域的影响与其自身的发展水平和发展阶段紧密相关。对开发区阶段的划分，很多学者的研究大同小异。王文滋（1999）、张弘（2001）等将开发区的发展阶段大致划分为起步期、成长期、转型期、成熟期四个阶段。

王慧（2003）的研究显示，开发区的发展大致有四个阶段：成型阶段、成长期阶段、成熟期与后成熟期阶段。在不同的发展阶段，开发区有着不同的增长机制，也有着不同的功能和空间特征，与所依托的城市和地区的关系也有所不同，用增长极机制基本上可以解释这一过程。开发区发展对城市的空间规模、形态以及空间增长方式、产业空间结构、人口与社会空间结构、各功能区段之间的关系、城市化与郊区化进程等方面都有着显著的影响效应，从而可催化带动都市区域的空间重构。

综合各种关于阶段划分的观点，虽然名称不尽相同，但基本一致，学者普遍都认为我国的开发区处于一个转型阶段，开发区从"空投式"的发展和"孤岛"

的状态发展到本身和对周围地区表现出了一定的城市化功能，从单一的追求工业增长到向多元化的增长模式过渡，从过分依赖外来经济要素到逐步加强创新培育内生的本地经济，但是总体城市化滞后于工业化，要想改变这种局面，还有很多思想上和制度上的障碍需要解决。

（2）开发区的转型与再开发。

经过三十多年的发展，开发区在产业、功能、空间、交通、环境等各方面都面临着转型问题。开发区转型的方向、动力机制、规划策略、实施路径等成为学者关注的重点，结合东部发达地区开发区转型的实例分析也不断出现。

沈宏婷（2011）认为，在开发区发展过程中，不同阶段开发区的产业结构、发展要素以及推动其转型的动力因素是不同的，并结合实际案例，提出在当前形势下开发区转型要注重特色创新、低碳环保以及产业和城市的协调可持续发展。买静等（2011）指出，我国经济发达地区的开发区普遍表现出向功能综合、配套完善的新城区转型的趋势，并提出开发区应积极顺应这一趋势，更新规划建设理念，调整开发区用地结构，大幅提升城市型用地比例，重构空间组织模式等。郑国（2011）将"后开发区时代"我国的开发区分为问题区域、新的产业空间与新城区、创新的空间三种类型。王雄昌（2011）从我国远郊工业开发区存在的现实问题出发，针对功能缺乏规划、用地难以控制和商业功能严重不足而导致的开发区空间结构难以转型的问题，提出提升开发区中心城区的综合城市功能、增强开发区与母城的互动交流、构建开发区工业社区网络等改善措施，实现我国远郊工业开发区的转型。金继晶等（2009）以库尔勒经济技术开发区为例，对产业园向新城区转型的规划途径进行了探讨，提出了"整合与提升"的总体发展策略，并从功能结构、产业布局以及用地空间布局三个方面分析了规划对策。张艳（2007）通过苏州、无锡、常州开发区的实证分析，讨论了开发区空间拓展与城市空间重构的内在机理。车旭（2012）总结了上海市开发区存在的空间问题以及向创新驱动转型的主要空间矛盾和挑战，提出通过促进产城融合，提高转型规划可实施性。罗小龙等（2006）从增长联盟的理论视角对江阴经济开发区靖江园区的跨界城市增长进行了研究，探讨了各级地方政府、企业、地方媒体和农民四种参与者在联盟形成中的作用和互动。栾峰（2007）以常州高新技术产业园区为例，阐述了开发区先行启动区局部地段转型的发展现状，研究了开发区的功能、开发强度和单位的类型特征。葛丹东等（2009）以杭州市经济技术开发区为例，从模式优化的准则与理念、空间结构及形态发展模式优化的论证、定位与用地单元组织三方面诠释后开发区时代新城型开发区空间结构及形态发展优化模式。王兴平、袁新国（2011）等以南京高新技术产业开发区为例，提出实现开发区再开发的有效途径，包括产业优化升级、功能转型提升、空间集约利用及建筑改造再利用等，并简要分析了开发机制与策略。罗小龙（2015）从企业家城市理论的角度对我国开发区的"第三次创业"，即开发区从产业园区到城市新区的转型进行研究，并对广州、南京、杭州、西安、郑州等地开发区的转型案例进行分析。

（3）开发区对城市和区域的影响。

开发区的建设和发展，在较短的时期内完成了产业和人口的集聚，实现了城市地域空间和人口规模的跨越式增长和产业结构的转型，因此有学者把开发区带动地区城市化的方式称为"开发区"模式（王宏伟等，2004），这种模式因其特殊的定位、优惠的政策、优越的地域位置而具有快速性和跳跃性特点；因其对外来资金、技术和人才的过分依赖显示出外驱性和不稳定性；因其区位选择、产业形式、管理方式等都带着开发者强烈的主观色彩而有很大的人为性；同时开发区在经济增长模式上还表现出单一性特点；为了在竞争激烈的招商引资中获得优势，开发区普遍高标准地进行基础设施建设。针对开发区驱动城市化的现状特点和问题，提出了要超前建设生活服务设施吸引常住人口，增强创新能力和经济辐射能力，建立内生本地经济，摆脱对外来经济要素的过分依赖，同时加强同开发区所依托的主城区的整体协调性。

关于开发区对城市、区域的影响以及所驱动的城市化的研究，主要从宏观和中观两个方面进行，即从宏观的区域角度分析开发区所带来的人口、产业的集聚现象和动因特点以及这种模式对目前中国的城市化的意义（张弘，2001），中观的角度是分析开发区与所依托的城市之间在产业、人口、空间结构、城市形态等方面的影响以及与其周围的城镇之间的相互关系（王慧，2003；张晓平，2003；陆玉麒，1998），微观角度的研究还比较少见。张晓平的博士论文（2003）以"全球化视角下的中国开发区的发展机制及区域效应"为选题，在系统总结国内外有关全球化与地区发展关系研究成果的基础上，以经济技术开发区作为切入点，分析了中国参与全球化的过程及其区域效应，揭示了中国开发区发展的动力机制，特别是通过对跨国公司在开发区投资的案例研究，阐述了全球化对中国地区发展影响的微观机理。这篇论文从全球化的视角，分析开发区的动力机制及其对区域的影响，研究视野比较宽广，从宏观到微观，跳出了原来就某个开发区论开发区的窠臼，具有相当的理论价值。魏广君（2009）分析了以开发区为代表的新产业空间的形成背景、发展机制、空间特征和存在的问题，剖析了开发区发展与城市空间演变的相互影响，揭示开发区的发展规律及其与城市空间结构的矛盾。

具体的实证研究多集中在开发区异常密集的长江三角洲地区，张弘（2001）对开发区对长江三角洲地区的城市化影响进行了比较宏观的探讨，分析了开发区带动城市化的几个影响因素，并以几个典型城市为例，探讨了开发区与城市协同发展的空间模式。陆玉麒（1998）对苏州工业园在高新技术产业化过程中对区域的辐射带动作用，对周围乡镇在城市规划建设、产业结构调整和改善基础设施等方面做了实证的论述。张艳（2007）通过对苏州工业园、无锡新区和常州新北区的实证研究，分析了开发区空间扩张特征，以及对城市空间重构产生的影响，基于开发区与城市空间发展机理，探讨了优化城市空间的若干问题。

同时，还有部分学者开始从开发区所引进的高新技术产业对区域和城市的影响切入，用增长极和孵化器的理论分析和解释开发区的区域效应（王辑慈，1998；徐寿根，2001）从社区的角度研究认为开发区要推进城市化的进程，改善投资环境，就要重视开发区的社区变迁和社区建设，从组织、服务、制度、精神文明等方面加强努力。

1.3.4 小结

通过对开发区进行研究综述发现，从整体来说对经济技术开发区和高新技术开发区两类开发区的研究内容大同小异，基本趋向是一致的。我国学者对开发区的研究在不同的时期有不同的关注焦点。最初是介绍国外的开发区的发展条件、背景、类型、区位布局等作为我国开发区建设的借鉴和启示，同时很多学者也开始对国内开发区的选址、布局、规划和建设进行探讨。随着全球经济的一体化和中国的对外开放政策，再加上巨大的国内市场，开发区建设蓬勃发展起来，创造了巨大的效益和税收，增加了就业，逐步成为地区经济发展的重要增长点。到了20世纪90年代早期，开发区出现了过热的现象，全国各地各级各类开发区一哄而上，出现了土地的闲置和浪费以及开发的效益低下问题，这引起了学术界对开发区土地的集约利用、开发的规模问题和土地的可持续利用等问题的兴趣，并且构建各种指标体系进行评估和发展预测。同时，在我国的体制转型情况下，开发区的管理体制和管理模式对开发的发展建设起着至关重要的作用，制度就是生产力，因此很多学者比较国内外开发区的管理模式和国内开发区的不同管理模式，以期对管理模式和体制有所创新。90 年代后期随着我国对利用外资政策的调整，加入 WTO 后国际环境的变化，国内竞争的加剧，再加上开发区本身经过几十年的发展已经进入一个新的阶段，开发区已经改变了原来"孤岛"的状态和"空投式"的发展模式，开发区普遍开始转型和调整，有些开发区甚至已经进入"后工业化阶段"，要实现可持续发展，必须站在城市和区域的角度，因此开发区在带动区域城市化和城市化功能开发的角度，开发区与城市相互关系的角度，成为新时期对开发区研究的焦点。总结起来，我国目前对开发区的研究主要有以下几个特点：

（1）开发区的发展战略、发展模式、管理体制类的研究较多。

我国开发区从出现至今，一直处于一种摸索中前进的状态，因此很多发展战略、发展模式、管理体制等基本性的问题始终是学术界研究的焦点；而开发区在某种程度上是一种政治行为，受政府政策的影响较大，随着政策环境的变化，开发区的这些基本问题也面临着变化；再者，中国国土面积广大，不同地区经济发展阶段各异，开发区所处的环境不同。综合以上三个方面的因素，从时间、空间、开发区本身的发展逻辑三个角度决定了这些问题的研究相对较多。

（2）开发区与城市和区域关系的研究逐渐增多。

随着国内外环境的变化和开发区自身发展阶段的演进，开发区将会在区域的城市化中扮演重要的角色，与城市和区域协同发展也是开发区保持持续性的唯一途径，因此，开发区对区域和城市的影响必然会成为开发区研究中一个重要的方向。目前来说此类研究成果正逐渐增多。总体来看，我国开发区的研究沿袭了过去的传统，主要集中在开发区自身的区位选择、定位、发展战略、管理模式、规划建设、评价体系，而在开发区对区域、对城市所带来的发展变化、城市化的功能等方面的影响研究较少。很大的原因可能在于我国开发区的建设和发展水平参差不齐，处于不同的发展阶段，开发区显示出城市化功能和与区域关系密切只出现在我国东部沿海的城市密集、经济发达的地区，因此会保持一定的研究惯性，并且集中在少数地区。

（3）开发区的转型与再开发相关研究增多，成为主要的研究趋势。

开发区面临着不断变化的国内外环境和自身差异，正在不断走向分化、整合和转型道路。特别是对于较早成立的我国第一批国家级开发区，一方面早期的产业发展面临更新换代和用地置换，另一方面在创新驱动的发展战略指导下，开发区需要为高新技术产业、构建创新产业体系提供空间和环境。因此，很多学者对长三角、珠三角和京津唐等发达地区开发区的案例进行实证分析，探讨它们在转型发展中面临的问题、转型方向、规划策略、实施途径等。开发区的"三次创业"和再开发成为当前开发区研究的重要内容。

1.4 国外研究综述

由于经济技术开发区和高新技术开发区都是在中国特殊的国情背景下产生、发展的，因此国外的文献对中国的研究不是很多，这部分的综述主要是国外与开发区相关的理论和国外对中国开发区的研究。国外的研究者主要关注：①与开发区相关的理论；②与开发区相似的国外也存在的出口加工区；③高新技术开发区产生、区位选择、类型等内容；④从宏观的角度研究经济全球化对开发区进而对发展中国家大城市的影响；⑤从区域发展战略的角度阐述开发区出现的原因等。

国外研究通常用产业集群和区域竞争优势理论来解释开发区的出现与发展。克鲁格曼认为产业"本地化"的各种优势构成了"规模报酬递增"的基础，并把这种与特定产业相关的各种经济活动在特定地区聚集的现象称为"产业集群"。波特在其国家和区域竞争优势的研究里极力强调地理集聚现象的广泛性，及其对地方竞争优势的重要意义，强调集群理论已成为促进经济发展的一种新思维方式。这些理论都在一定程度上为我国开发区的建立和发展提供了有一定解释力的阐述，对我们研究中国开发区的内在运行规律具有启发意义。

有学者从中观和微观的角度系统论述了出口加工区在理论和实践等方面的内容（Balasubmanym V. N.，1982）。Jayanthakumaran 等（2003）通过对关于东亚地区出口加工区的研究进行总结，结果表明在韩国、马来西亚、斯里兰卡、中国和印度尼西亚等国比较成功，但在菲律宾等国却导致了很多负面的影响。出口加工区提供了很多就业岗位，并且提升了当地的企业水平，但随着工业的不断发展，它的地位和作用也在发生变化，有可能演变成只为某些个人牟利的平台。

对于高技术开发的研究，主要集中在它的成因、发展和类型方面，它的区位主要取决于技术创新源的易达性、创新环境和劳动力因素；另外，区域政策、市场因素、风险资本的可获得性、集聚因素、发达地区通信网和运输网的易达性等也是其影响因素。有学者认为由于西方后工业国家不愿意将技术转移到中国，中国在 20 世纪 80 年代后期设立了 52 个高新技术开发区,进行高新技术的研发工作,它们并不是对西方高新技术的复制,而是带有中国特色的。同时研究也表明,与流行的观点相反,中国沿海地区的高新技术开发区并不比内陆的发展得更好,而位于省会城市的高新技术开发区都展示了良好的发展业绩,由此说明内陆在发展高新技术方面还是可以同沿海城市一争高下的(Wang Shuguang,1998)。Bakouros(2002)以科学园区与高校之间的关联为研究对象,对希腊的三个科学园区进行实例研究,认为当前科学园区与高校之间的联系不强的问题较为突出,并且科学园区内各企业之间以及园区之间的联系也较为薄弱。Lai Hsien – Che 等(2005)将上海的张江高科技园区和台湾省的新竹科学园区进行了对比研究,探讨了影响两个科学园区不同创新能力的因素。Shearmur R.(2000)等分析了加拿大部分科学园区的发展过程及现状,认为园区分布与所在城市的等级和规模具有紧密的联系,并且园区将成为城市中人才、资金和信息等要素汇集的中心。

Yehua Dennis Wei(2005)把开发区、外资和全球城市的形成联系起来,从宏观的角度阐述了开发区作为吸引外资的载体,加速了城市经济的发展,更促进了全球城市的形成。作者以上海为例,分析了开发区的构成、已取得的成绩和潜在的影响因素,阐述了开发区之间的不同点,并强调国家和地方政府所能提供的条件的重要性。

1.5 研究意义

在我国特殊的国情背景下,开发区的数量迅速增长,从东南沿海城市到内陆的省会城市,甚至到各市县等行政单位,都划定一定地域范围建立了各类各级开发区,致使中国大地的开发区盛行。有数据显示,2003 年中国大陆各类开发区、工业区等达到 6015 个,总面积 36000 平方公里,相当于台湾省的面积。可见,开发区已经成为我国城市发展和建设中不可忽视的力量,它正在各个方面改变着城市。此外,经过 30 多年的发展,开发区已经出现了分化,部分开发区撤销整顿的同时,有的开发区不断发展壮大,其空间规模不断扩展,与所依托的母城之间的关系也在不断变化。在很多地方,开发区已经成为城市经济新的增长点或者城市的发展方向、未来发展的重点地区,在城市的空间结构调整和重构方面更是作用显著。

1.5.1 开发区可持续发展的需要

开发区自身有一个发展周期，会经历起步、发展、成熟和分异的发展阶段，它与城市的发展关系也有一个袭夺、独立、竞争、反哺的过程。具体来说，第一阶段，开发区依托城市各项设施，构筑成本洼地，着力投资基础设施和引进项目，一般经历 5~6 年，此时，开发区实际上是袭夺了城市的资源（包括资金、项目、人才、机会等），给城市增添一定负担而难以创造税收。第二阶段，引进项目成长起来，有了一定效益，但与当地经济基本不发生关系，是"空投型"。收入用于完善自身配套，对城市仍无多大贡献。第三阶段，开始与当地融入，如生产协作、带动地方产业成长，区内建设标准高，吸引城市高级人口进驻等。第四阶段，功能整合，出现对城市的"反哺"作用。我国的开发区经过三十多年的发展，从生命周期来讲，已经进入或者即将进入到第四阶段。特别是进入 21 世纪以来，外资的超国民待遇趋于结束，政策优惠的时代也将终结。以引进外资为主的开发区面临着生存环境的巨大变化，再加上我国"创新驱动""生态文明"等国家战略的导向，开发区面临着思路的调整和转变。因此，如何使开发区继续保持快速的增长，探讨其转型发展和空间演变的规律，提出新形势下转型的策略和途径，是保持开发区可持续发展的关键。

1.5.2 城市化高速发展对空间拓展的需求

我国目前正处在高速城市化的发展阶段，根据 2019 年的数据，我国常住人口的城市化率已达到 60%，而且这种发展有进一步加速的态势，人口主要向大城市集中。大城市的高速发展、人口的骤增、各种城市问题的出现急需对空间结构进行调整和重构，而开发区的建设和发展提供了这样的机会。多年来开发区在与城市发生相互作用的过程中已经对城市的空间产生了很大影响。而且开发区伴随着空间开发、经济要素重组、人口聚集流动、土地利用变化、与城市的相互作用等的过程，对所在的城市和地区经济、社会、实体空间的演化具有强烈的催化、带动效应。

因此，研究开发区自身的发展、空间演化规律和其带来的空间效应，分析开发区对城市的空间形态、产业空间以及功能结构等方面的影响，对于深入理解开发区发展的规律性、理顺开发区建设和所依托城市发展的关系、充分发挥开发区在区域结构和空间重构中的积极作用、指导开发区与城市的协同发展具有重要意义。

1.6 研究方法

本书综合运用地理学、经济学、城市规划、社会学等多学科的理论，采用定性与定量相结合，宏观和微观相结合，理论与实证相结合以及分析对比的方法，通过对文献的梳理，在前人研究的成果基础上，运用大量第一手的资料和统计数据进行分析，以期在得到实证结论的同时，在理论上有所创新。

（1）理论研究和实证研究相结合。

开发区是全球化和我国改革开放的产物。本书在对国内外环境和政策把握的基础上，查阅大量文献，综合运用产业集聚理论、新产业空间理论、城市空间结构理论等，对我国开发区的发展背景、发展战略、发展阶段和生命周期、产业发展、空间布局、土地利用、管理体系等方面进行梳理总结，提炼出开发区的发展阶段、空间演变和空间转型的总体特征。并结合广州开发区等的实际情况，探讨开发区在不同发展阶段表现出的空间特征、与周边地区的空间重构关系，并提出空间转型的方向和策略。

（2）典型案例分析。

本书选取广州开发区为主要案例，搜集整理开发区的经济社会发展统计数据、统计年鉴、开发区相关规划等资料，辅以实地调研和走访，研究广州开发区发展阶段、空间演变和空间重构的特征，分析其发展的动力机制和转型面临的问题、挑战，从而更深刻地理解国内外的经济社会环境和国家的宏观政策、发展战略，探讨开发区发展的普遍规律、内在机制和发展趋势。分析空间转型的策略和途径，也为全国同类型开发区提供借鉴和启示。

（3）定量分析与定性分析相结合。

对开发区的发展战略、发展方向和发展阶段等宏观问题采用定性的方法，同时，利用开发区的社会经济统计数据、统计年鉴、普查数据、相关城市规划等资料，对开发区的空间演变、开发区与城市空间结构的关系等方面开展必要的定量分析。

第 2 章   理论基础

2.1   产业集聚相关理论

产业集聚的概念最早是由哈佛大学教授波特在其《国家竞争优势》一书中提出的。根据他的定义，产业集聚（industrial cluster）是指在地理上一些相互关联的公司、专业化的供应商、服务提供商、相关的机构，如学校、协会、研究所、贸易公司、标准机构等在某一地域、某一产业的集中，它们既互相竞争又相互合作的一种状况。因此，开发区的建设与产业集聚密不可分。

2.1.1   韦伯的工业区位论

韦伯在其《工业区位论》一书中，首次阐明了其工业集聚的思想。他指出，集聚与分散是影响工业区位的两种相互对立和转化的倾向，集聚是指某一地点集中产业而带来的成本降低或节约。他认为工业集聚分为两种类型：一种类型是各种工业企业分别根据各自的局部区位因子如原料地、市场、劳动力等进行区位选择时，偶然集中到特定的地域。他将这种工业集聚称为偶然性集聚。另一种类型是存在着种种内外联系的工业在集聚因子的作用下，集聚在特定的地域以获取集聚经济利益。他称这种工业集聚为纯粹性集聚，并且他就纯粹性集聚阐述了他的集聚理论。韦伯对偶然性的工业集聚持批判的态度，他认为，偶然性集聚只会给地区经济发展造成恶果。但是他忽视了在现实经济生活中，偶然性集聚是工业区位集聚的开端，也就是说，现实的那些集聚首先就是以偶然集聚形成出现的。当偶然集聚发生后，相继就出现了起因于集聚本身的利益。这种集聚利益出现后，成为集聚因子吸引工业进一步集聚。

韦伯将工业集聚分为两个阶段：低级阶段主要表现为工厂规模的扩大，高级阶段则表现为许多在生产、销售上存在密切联系的工厂向一个地点集中。据此，工业集聚利益相应包括两个方面：一个是由工厂经营规模扩大而带来的生产集聚利益，也就是企业规模经济利益；另一个是存在功能密切联系的多个工厂集聚带来的生产集聚利益，即区位经济利益。因为多个工厂集中在一起与各自分散时相比，能给各个工厂带来更多的收益或节省更多的成本，所以工厂有集中的愿望。由于韦伯的工业区位论是以古典经济学为基础，以成本分析为依据来研究自由竞争资本主义的工业地域结构，所以他没有考虑垄断价格给企业带来的超额利润，也没有考虑政府的作用、当地社会文化的影响，他只从资源禀赋的角度考虑资源型产业的集聚，所以不具有一般性。

2.1.2 马歇尔的外部经济

马歇尔最早对产业集聚问题进行直接研究，他以亚当·斯密的劳动专业化分工理论为基础，对产业集聚产生的成因进行了分析。在研究早期工业的地域分布时，他以敏锐的洞察力描述了专用机械和专业人才在产业集聚中具有的高使用效率。马歇尔据此提出了两个重要概念，即"内部经济"和"外部经济"。内部经济是有赖于从事工业的个别企业的资源、组织和经营效率的经济。而外部经济是有赖于这类工业产业的一般发达的经济。马歇尔认为外部经济是非常重要的，这种经济往往能因许多性质相似的企业集中在特定的地方即通常所说的工业区分布而获得。马歇尔指出，产生集聚的原因在于为了获取外部规模经济提供的好处。这种好处包括提供协同创新的环境，共享辅助性工业的服务和专业化的劳动力市场，促进区域经济健康发展，平衡劳动需求结构和方便顾客。马歇尔的外部经济理论虽然在一定程度上解释了产业集聚的原因，但并没有阐明这种外部经济的最初来源何在，他只论述了集中生产的优势，而没有描述可能导致集中的过程。

2.1.3 胡佛集聚成因理论

随着研究的深入，产业集聚理论开始从研究经济环境对产业集聚的影响转向研究企业之间的关联状况对产业集聚的影响上。在此基础上，胡佛（Hoover，1975）提出聚集成因是：内在的规模报酬、本地化经济和都市化经济。他主要表达了三层意思：首先，对单个厂商而言，一个更大市场所产生的规模经济将提高其效益。其次，本地工人的高水平将使相关产业的企业群体得到外部经济，这就是本地化经济。最后，如果其所产生的外部经济对所有的本地厂商都有效，这种外部经济则为都市化经济。与马歇尔方法相比，胡佛的研究特色在于，他认为外部经济是根据它们所在的产业部门来界定的，并且外部性的空间规模也是根据产业部门、类型和范围的变化而变化的。显然，这就比马歇尔用纯粹的外部经济性来揭示集聚的产生更具解释力。

2.1.4 波特的新竞争经济理论

迈克尔·波特在竞争优势理论的分析框架下，重构了有关产业集聚的新竞争经济理论。在竞争优势理论的基础上，波特提出企业群落是在特定区域中相互关联的一群企业和相关机构的集中，区域内的企业之间是独立的、非正式的关系，它不同于科层制组织或垂直一体化组织，而是一种松散的价值链体系。它作为一种空间组织形式所具有的效率、灵活等特性可以产生竞争优势。他认为规模报酬递增必须在动态的竞争观念中，才能真正确立其优势，如果和过去要素禀赋理论一样在静态的竞争观念中使用的话，则会出现偏差。他提出了自己独特的"钻石模型"来分析国家竞争优势，认为企业集群可以使产业具有国家竞争优势。他的研究还提出了集群也可以出现衰败，集群互相之间也存在竞争等重要观点。与社会网络模型相比，波特的理论也存在着不少缺陷，比如对社会根植性的解释，以及如何正确对待竞争和合作的关系等，他就没有做出很好的回答。但是，他从竞争优势出发来分析集群式的产业集聚现象的研究结论，已经为主流经济学的产业集聚理论向容纳制度、文化等社会根植性要素的社会网络模型的转变提供了重要的理论转化的基础。

2.1.5 克鲁格曼新经济地理学

克鲁格曼的新经济地理思想是从产业组织理论出发来审视产业集聚。克鲁格曼在主流经济学分析中引入了空间的概念，强调区位的重要性，成为主流经济学的新前沿。克鲁格曼设计了一个模型，假设工业生产具有规模报酬递增的特点，而农业生产规模报酬不变，在一个区域内，工业生产的空间格局演化的最终结果将会是集聚（Krugman，1991），从理论上证明了工业活动倾向于空间集聚的一般趋势，并阐明由于外在环境的限制，如贸易保护、地理分割等原因，产业区集聚的空间割据是多样的，特殊的历史事件将会在产业区形成的过程中产生巨大影响，即产业区形成具有路径依赖性。而且产业空间集聚一旦建立起来，就倾向于自我延续下去。克鲁格曼所创立的就是著名的中心—外围模型。这个模型为解释产业集聚理论的进一步完善做出了十分重要而且关键的贡献。

2.2　新产业区理论

1977 年，意大利的社会学者巴格纳斯科（Bagnasco）对意大利东北部地区进行了研究，首次提出了新产业区的概念。他认为产业区的经济特点是劳动分工中的外部性，产业区内企业间的互动是由社会文化支持的。新产业区理论的核心就是依靠内源力量来发展区域经济。区内各行为主体通过中介机构建立长期的稳定关系，结成一种合作网络，共同造成一种独特的区域经济环境。这种环境不但促使企业不断创新，而且使区域的社会、经济、技术得到协调的发展。新产业区不能单纯依靠外力（主要指外来资本和本地的自然资源禀赋等）来得到发展，也不能通过政府干预来发展。有关新产业区创新环境的研究近几年才开始，其理论基础来自于熊彼特的创新理论，并把它同区域特性联系了起来。这种研究为重新解释产业区空间状况特性提供了一个新的思路，同时也把学习过程和技术进步的累积效应对区域发展的作用凸显出来。新产业区理论是近年来在西方发达国家发展起来的研究区域经济的一种理论。至今，它还不是一个完善的理论，尚未成为一个相对稳定的理论体系。

2.3　增长极理论

增长极理论源于法国经济学家弗朗索瓦·佩鲁（Francois Perrpux）1950 年发表的《经济空间：理论与应用》一文，主要强调投资在推动性工业中，通过与其有投入产业联系的工业而导致全面的工业增长，认为经济增长并不是在所有地方出现，而是以不同强度最先出现在增长极（点）上，然后通过各种渠道向外扩散，并对整个经济产生影响，但佩鲁的增长极概念局限在纯经济方面。后来法国经济学家布代维尔（J. B. Boudeville）将增长极理论引入区域经济理论中，美国经济学家弗里德曼（John Frishman）和赫希曼（A. O. Hischman）、瑞典经济学家缪尔达尔（Gunnar Myrdal）等也在不同程度上丰富了该理论，使增长极理论成为经济发展和区域开发的主要理论依据。增长极指具有推动性的主导产业和创新行业及其关联产业在地理空间上集聚而形成的经济中心，是区域产业发展的组织核心，空间上成为支配周围地区经济活动分布的重心，在物质形态上是区域的中心城市。增长极主要作用在乘数效应、支配效应、极化和扩散效应四个方面，对周围地区的经济活动产生影响。

随着增长极理论的不断成熟，很多国家将其应用到经济实践中，欧美国家将其应用于区域经济政策的制定和区域开发的实践中，为国家干预区域经济提供可操作的理论支撑。开发区使企业集聚在园区内，并提供良好的生活环境，引进优秀的人才和技术，通过在特定区域制定特殊政策，吸引要素集聚，并通过产业开发、经济增长带动整个区域经济增长，集聚经济的发展使园区成为增长极。开发区在与周围地区频繁的经济活动过程中也进行着生产要素的流动，区内的企业通过向周围地区购买原料、吸引剩余劳动力实现增长极自身的成长，同时刺激周围地区经济活动，从而带动周围地区经济乘数效应发展（李小建，2006）。

2.4 城市空间结构理论

城市空间结构理论从城市功能的空间组合与布局角度阐述城市的空间结构模式，并提供对城市空间模式形成与演变规律的科学解释。城市空间结构是城市规划学、城市地理学、城市经济学和城市社会学等学科研究的核心问题之一，是一个跨学科的研究课题。Foley（1964）和 Webber（1964）是最早试图建构城市空间结构概念的学者。他们认为，城市空间结构包括形式和过程两个方面，形式是指物质要素的空间分布模式，过程指要素的相互作用。Bourne（1971）认为，城市空间结构是指城市要素的空间分布和相互作用的内在机制，这是对城市空间结构概念的一个重要发展。Harvey（1973）认为，任何城市理论必须研究空间格局和作为内在机制的社会过程之间的相互关系。基于系统论的观点，认为城市空间结构是城市要素的空间分布和相互作用的内在机制，城市要素通过相互作用形成功能实体，即一个个子系统，而各个子系统又通过一定的规则整合成整个城市系统。其从社会学的角度认为，城市空间结构应注重对城市空间形态和社会过程这两者的相互关系的研究。

20 世纪初，美国社会学家伯吉斯（E. W. Burgess）在对芝加哥进行长期调查研究的基础上，于 1923 年提出了同心圆理论，随后，霍伊特（H. Hoyt）于 1939 年提出了扇形理论。乌尔曼（E. L. Ullman）发现了美国城市呈现出多中心发展的态势，意识到伯吉斯和霍伊特理论的局限性，在 1945 年提出了多核心理论模式。在 20 世纪 50 年代以后，由于城市空间结构发生了巨大变化，上述针对美国城市提出的空间结构理论对解释其他国家城市空间结构模式存在很大的局限性。曼（Mann）在 1965 年提出了一个典型的英国中等城市的空间结构模式，加拿大地理学家麦吉（T. G. McGee）在 1971 年提出了有二元结构特色的殖民地和发展中国家的城市空间结构模式，耶次（M. Yeats）和加纳（Garner）在 1980 年提出了北美现代城市的空间结构模式。对城市空间结构形成机制的解释，可分为人类生态学、新古典主义和结构主义三个流派。人类生态学派的空间观点就是以伯吉斯的同心圆模式和霍伊特的扇形模式为代表。新古典主义学派的理论基础是新古典主义经济学，它探讨在自由市场经济的理想竞争状态下资源配置的最优化。竞租理论是新古典主义学派在土地利用方面取得的重要研究成果。结构学派认为社会结构体系是个体空间行为的根源，资本主义的城市问题是资本主义社会矛盾的空间体现。城市空间结构理论为研究新产业空间的区位特征、演化动力等提供了模式与方法的借鉴。

中国经济和社会的特殊性决定了城市发展的特殊性，对改革开放后中国城市空间发展特点、规律和机制的研究已经成为城市地理学、城市规划学、区域经济学、城市社会学等各学科的研究重点。特别是随着中国市场化改革的深入，当代中国大城市空间结构呈现出的分异和重构趋势日益明显。开发区作为影响城市空间结构的众多原因之一，其对城市空间结构的影响和重构值得关注。

第3章 开发区的发展历程

3.1 开发区的发展进程

3.1.1 世界开发区的发展

开发区的出现与商品经济及对外贸易相联系，随着对外经济合作与交流的不断加深，世界上各类开发区不断增多。

世界城市开发区的发展主要经历了三个阶段（何兴刚，1995）：

（1）1547年至第二次世界大战前。

自由港是开发区最早的形式。历史上第一个正式命名为自由港的是意大利的里窝那（1547年），外国的货物不缴纳关税便可出入港口区域。随后到第二次世界大战前的400年间，自由港、自由贸易区等相继在主要的资本主义国家出现，并随着资本主义的扩张扩散至世界各地。这一时期城市开发区数量较少，主要集中在发达国家，主要的经济活动是发展对外贸易和转口贸易。

（2）第二次世界大战至20世纪70年代。

第二次世界大战后，生产力的迅速发展有力地促进了世界国际分工的发展，各国经济相互依存和相互联系日益密切，开放成为世界发展的大趋势。城市开发区进入了以出口加工区为主体的时期，它兼有出口生产和出口贸易两大功能。发展中国家通过建立大量的出口加工区，引进外资，发展出口工业，以此带动本国经济的高速发展，如中国台湾、新加坡、菲律宾、马来西亚、印度、巴基斯坦等，发达国家也纷纷将原来的自由港和自由贸易区向出口加工区的模式转变。这个时期，城市开发区的数量逐渐增多，规模也由小变大，经营上由流通贸易型为主转变为生产型为主。

（3）20 世纪 70 年代末至今。

20 世纪 70 年代的石油危机和 80 年代初的世界经济危机，结束了战后资本主义发展的黄金时期，也使出口加工区失去了赖以发展的国际经济基础，出口加工区开始向多样化、综合化、高级化的开发区形式发展，而综合型和高科技型经济特区的崛起，代表了这一过程的发展方向。

总体来说，世界城市开发区的发展大体经历了一个由单一功能转向综合功能、由低层次向高层次方向发展的过程，即从单一的贸易功能转向工业、贸易双重功能，再向具有多种功能不断发展完善的过程。

3.1.2　我国开发区的发展

我国的开发区是 1978 年以后伴随着国家的改革开放政策发展建立起来的。最初始于东南沿海的经济特区，在经济特区成功经验的基础上，逐步根据需要，发展了经济技术开发区、高新技术产业开发区、保税区等不同类型的城市开发区，形成了多层次全方位的对外开放格局。

从表 3-1 可以看出，我国国家级的城市开发区的设立主要集中在两个时期，即 20 世纪 80 年代中期和 90 年代初期。80 年代中期，经济特区已经初见成效，为经济技术开发区的设立提供了经验和借鉴，于是在东部沿海从北向南出现了第一批经济技术开发区；到了 90 年代初，原有开发区的卓越成果和邓小平的"南方谈话"，掀起了一股开发区建设的热潮，出现了一批新的经济技术开发区和保税区，并且在世界科技迅速兴起和各国竞相发展高新技术的背景下，我国也建立了一批高新技术开发区，旨在发展高新技术，加快科技产业化以及传统企业的技术改造。之后，我国的开发区一直是缓慢增加，特别是对国家级开发的设置非常慎重。

表 3-1　我国城市开发区设置时间轴列表

设置时间	城市开发区类型	设城市开发区的城市
1979 年 7 月	经济特区	深圳、珠海、汕头、厦门
1984 年 4 月	经济技术开发区	天津、大连、青岛、烟台、广州、秦皇岛、湛江、连云港、南通、上海、宁波、福州

设置时间	城市开发区类型	设城市开发区的城市
1988 年 4 月	经济特区	海南省
1988 年 5 月	高新技术开发区	北京
1988 年 12 月	保税区	深圳（沙头角）
1990 年 4 月	浦东新区	上海（川沙）
1990 年 8 月	保税区	上海（外高桥）
1991 年 3 月	高新技术开发区	武汉、南京、天津、西安、中山、长春、长沙、福州、广州、合肥、重庆、杭州、桂林、兰州、石家庄、济南、大连、深圳、厦门、海南、沈阳、上海
1991 年 4 月	保税区	天津、深圳福田、广州、大连
1992 年	经济技术开发区	温州、昆山、威海、营口、东台、融桥
1992 年 10 月	保税区	张家港、海口、青岛、宁波、福州、厦门
1993 年 5 月	经济技术开发区	沈阳、杭州、武汉、芜湖、哈尔滨、重庆、长春

资料来源：何兴刚. 城市开发区的理论与实践 ［M］. 西安：陕西人民出版社，1995.

根据《中国开发区审核公告目录（2018 年版）》审核结果显示，截至 2018 年，我国国家级开发区有 552 家。其中，国家级开发区中经济技术开发区数量最多，达到 219 家（见表 3－2）；高新技术产业开发区和海关特殊监管区数量分别为 156 家和 135 家；边境/跨境经济合作区与其他类型则数量较少，分别为 19 家和 23 家。

表 3－2 我国各省份国家级经济技术开发区数量

省份	数量	省份	数量
江苏	26	四川	8
浙江	21	湖南	8
山东	15	黑龙江	8
安徽	12	湖北	7
江西	10	河北	6
福建	10	天津	6
辽宁	9	上海	6
河南	9	广东	6
新疆	9	吉林	5

省份	数量	省份	数量
甘肃	5	贵州	2
云南	5	青海	2
陕西	5	宁夏	2
山西	4	海南	1
广西	4	北京	1
内蒙古	3	西藏	1
重庆	3		

注：数据截至 2018 年。

如图 3 - 1 所示，按照开发区的区域定位，我国的城市开发区可以被分为四种类型：街区型（位于城市建成区内部）、边缘型（位于城市建成区边缘）、近郊型（位于城市近郊）和远郊型（位于城市远郊）。

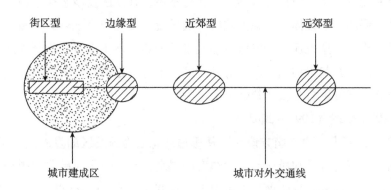

图 3 - 1 中国城市开发区区位类型示意图

资料来源：王兴平，2005。

3.2 我国开发区的发展阶段

任何事物都有其自身的生命周期和发展阶段，开发区自建立开始，在随时间的演化过程中也表现出明显的阶段性。本质来说，开发区是我国特定背景下实行特殊政策的特定区域，因此，政策的变化和国内外环境的变化给开发区带来了重要影响。下文以政策调整和国内外环境的变化为主线，将我国开发区大体上分为三个发展阶段：

（1）摸索阶段（1984～1991年）。

从1984年国家在12个沿海城市设立14个经济技术开发区起，中国按照"摸着石头过河"的指导思想，开发区在摸索中前进，政治、经济（国家投入相对较少；治理经济过热、压缩基础建设的政策）、各区的竞争、发展思路（是否发展商贸、房地产等第三产业；是否引进内资等）等很多因素都在影响着开发区的发展方向。经过七年的争论和摸索，最终明确了开发区的功能定位，确立了"三为主"的建区宗旨，认为开发区应该从出口加工区的模式循序渐进地发展，而不是超越最初阶段而跳跃发展，主张把开发区定位为一个利用外资、进行资本积累、出口创汇的工业区，以及中国走工业化道路的主要载体。这一阶段开发区建设主要以探索发展为主，由于前期开发建设对基础设施的经济投入相对薄弱，在国外企业资本以及高新科技吸纳力上相对不足，开发区发展较缓，但是开发区作为经济发展的重要载体，对地方政府以及投资开发商产生了较大的吸引力，提高了其投资热情，这也促使开发区在形式以及内容上逐步丰富，为开发区深化发展形成了基础。在起步初期，国家对开发区的支持不是落在资金资助层面，更多的是在政策、开发区自主权的扶持上面。

（2）繁荣阶段（1992～2003年）。

1992年，邓小平的"南方谈话"从思想观念上为开发区的发展扫清了障碍，开发区利用外资的规模和质量都有大幅度的提高：跨国公司开始取代中小资本争相进入，有一定技术含量的项目大量引入，外商对华的投资从试验性阶段进入实质性阶段。开发区在经济实力、工业产值、税收、经济效益等方面都取得前所未有的成绩，开发区的经济总量在其所在的母城中份额越来越高，成为城市的一个经济发展增长点，占有举足轻重的地位。此阶段开发区主要依托国外大型资本的注入，同时引入高新技术、完善的设备体系以及先进的管理理念，推动我国部分产业结构调整，由原先的单一结构向多元化转变，在产业规模以及生产水平上得以积累提升。但同时开发区发展也产生了一系列问题，如开发区用地扩展过快，其规划用地面积甚至超过母城建成区面积，开发区土地规模远超产业发展所需。此阶段我国国家级开发的数量从原有的14个扩大到32个，覆盖了超过全国一半的省、自治区、直辖市，开始从沿海向沿江，从东部向中部、西部推进，各省、市、区也都在建自己的各种类型、各种级别的开发区，全国范围内掀起了"开发区热"。截至 1993 年初，由地方政府自行设立的各类开发区总数达到 2000 多个，规划面积达到 14800 平方公里。开发区的快速增长犹如圈地运动，占而不开、开而不发造成了土地资源的严重浪费，1993 年、1994 年我国分别出台《关于严格审批和认真清理各类开发区的通知》《国务院批转关于固定资产投资检查工作情况汇报的通知》，对开发区进行清理整顿。到 1995 年底，各省、自治区、直辖市人民政府批准设立的各类开发区共有 638 个，其中经济技术开发区 533 个，高新技术开发区 48 个，规划面积 5100 平方公里，起步建设面积 844 平方公里。1999 年我国开始实施"西部大开发战略"，在此背景下，中西部地方开始增设国家级开发区，在此过程中，"开发区热"再次被掀起，又有 5000 多个各级地方开发区相继建立。到 2003 年底，全国各类开发区达到 6866 个，开发区规划面积 38600 平方公里，超过了当时全国所有城市建成区的面积。以青岛为例，2001 年共有开发区 56 家，其中国家级 2 家、省级 6 家、市级 10 家，市级以下 38 家。

这一阶段是开发区发展历史上最辉煌的时期。与此同时，"开发区热"造成了盲目的占用农田，不切实际的招商引资计划，开发区之间的恶性竞争为日后我国的土地问题埋下了隐患。

（3）调整阶段（2003 年以来）。

由于前期大量开发区的建设，暴露的土地、环境等问题越来越多，部分开发区开发方式粗放、土地开发效益低下。针对我国各级各类开发区遍地开花、大量占用耕地和土地闲置、浪费严重的情况，2003 年 7 月，国务院颁布《关于清理整顿各类开发区　加强建设用地管理的通知》，要求各级政府对各类开发区进行严厉的清理整顿，撤并了很多开发区。省级及其以下各类开发区中对于开发建设条件不足、资金不到位、产业项目难以跟进或者是规划用地超标的开发区都予以停办。到 2006 年，全国各类开发区由 6866 个核减到 1568 个，规划面积由 38600 平方公里缩减到 9949 平方公里，并且暂停和扩建各类开发区。同时，开发区为非可控的经济系统这一本性决定了它受外界的影响波动较大。1996 年国家利用外资的政策调整和财政优惠政策的结束，1997 年亚洲金融危机的爆发，国内外经济环境和政策的变化使开发区利用外资方面骤然减少，外向型经济的风险毫无保留地暴露出来，开发区以引进外资为主、出口导向型战略的推行遇到压力，另外，我国"西部大开发""振兴东北老工业基地""中部崛起"等重大战略的出台，政策及投资开发的整体格局出现转变，开发区中较早的企业受产品生命周期规律的影响开始面临利润下滑和停转产问题，开发区进入了反思、调整的阶段。开发区在整体开发水平、产业结构升级、存量土地利用和生态环境问题等方面都面临着转型和升级。

总体来说，经过多年的发展，开发区的分化已经明显地表现出来，效益较好与严重浪费土地的开发区并存。经过整顿，大量的开发区被撤并，但一些大型开发区依然在不断地加大招商引资力度，不断地进行空间拓展，保持着强劲的发展势头。开发区在内外资的共同引进，土地经营向资本经营的演进，大中小企业的共存，培育产业的根植性和产业结构的调整升级，科技研发中心的创立，"创新"与二次创业，摆脱"孤岛"与依托的母城加强经济联系等方面进行了不断的探索和尝试。开发区主要发展方向为与母城加强联系以摆脱"孤岛"的风险和高成本，发展为现代化的制造业基地，根据自身的发展阶段和产业状况、地理位置等，在一定条件下蜕变成一个综合性的新城区或是城市的一部分。

在此阶段，很多开发区都明确提出了新的发展目标和转型发展方向，如广州开发区提出"把开发区建设成为以现代化工业为主体、三次产业协调发展、经济与社会全面进步的广州新城区"，大连开发区提出"以工业化促城市化，通过城市化逐步实现现代化，建设以工业化、产业化为支撑的新市区"，青岛开发区明确提出"开发区要向现代化的国际性的新城区方向发展，建设一个功能齐全、经济社会协调发展的新城区"，天津开发区提出"逐步建成以工业现代化为基础，以管理现代化为支撑，以城市现代化为标志的具有国际水准的现代化新城区"等；并且，在城市化建设实践过程中，许多沿海大城市开发区在物质空间上呈现出日益明显的新城特征。

3.3　我国开发区的发展方向

随着中国经济进入新常态，增长的动能逐步由传统要素驱动转变为创新驱动。产业转型发展是经济增长动能转换的重要方面。开发区在发展过程上经历了起步—增长—膨胀—整合、由数量发展到质量先导的不同阶段。它是推动地区生产力发展的重要载体，也是各地区加快推动工业化、城市化进程、加速优势产业集聚的主要基地。而国家级开发区一般作为国家层面推动产业发展的风向标与主引擎，是技术密集型与战略性新兴产业发展的聚合点（阳镇，2017）。随着以往税收、土地等优惠政策优势的弱化和市场下行的压力不断加大，开发区需要进一步注重区内的产业结构调整，加快技术引进与提升区内自主创新能力，探索合理的转型升级路径解决其开发区的发展难题，适应与引领经济新常态。2006 年，《国家级经济技术开发区经济社会发展"十一五"规划纲要》提出调整开发区的发展定位，强调开发区向多功能综合性产业区转型。2014 年，国务院办公厅发布《关于促进国家级经济技术开发区转型升级创新发展的若干意见》，进一步强调促进国家级经济技术开发区的转型升级，推进体制与机制创新，促进开放型经济发展，坚持绿色集约发展及优化营商环境。2016 年国务院又发布《关于完善国家级经济技术开发区考核制度促进创新驱动发展的指导意见》，为国家级经济技术开发区的产业转型提出了新的要求；此外，《国家新型城镇化规划（2014－2020 年）》要求加强现有开发区城市功能改造，推动单一生产功能向城市综合功能转型，为促进人口集聚、发展服务经济拓展空间。因此，开发区的转型升级既是自身发展的内在需要，也是适应我国外部经济环境的必然要求。

可以说，开发区经过三十多年的发展，已进入"后开发区时代"，从最开始的"三为主，一致力"的定位到逐步在产业发展、空间布局、与城市关系方面寻求转型升级。一部分开发区在这个过程中已经走向衰落，另一部分开发区向一般的城市新区转型。在当前国家倡导"创新驱动"的发展战略下，有些发展较好的开发区开始尝试增强自我创新能力，实现创新升级转型，开展"三次创业"。

在当前的"后开发区时代"，开发区的发展方向大致有三个类型：

一是问题区域。由于优惠政策的弱化和消失，国内外经济环境的变化和不同开发区之间竞争的加剧，有些处于要素聚集阶段的开发区无法完成产业升级和转换，存在的土地问题、环境生态问题和社会问题较多，土地效益低下，开发方式粗放，对于这类开发区应该出台政策进行清理整顿，或者通过体制机制创新进行资源整合。对其闲置浪费的土地进行整理，对造成的生态环境问题进行修复和改善。

二是形成新产业空间和新城区。我国多数国家级开发区和经济发达地区的省级开发区属于这一类型。这些开发区在产业类型和产业组织模式方面与传统开发区不同，是城市新的产业空间。但是，由于这些开发区依靠优惠政策，通过招商引资快速发展起来，产业集群还未完全形成，缺乏高校和科研机构的有效支撑，很难进入创新突破阶段。这些开发区基础设施水平相对较高，是城市空间扩展的主导方向，有些初期选址就靠近主城区，有些随着用地扩张逐渐与母城联系起来，已经发展为一个重要的城市功能组团，这些开发区成为我国城市化和城市空间拓展的优先区域。此外，我国开发区的规模普遍较大，1568 个开发区平均规划面积 6.35 平方公里，规划面积在 10 平方公里以上的有 275 个，因此从体量上看，开发区向综合性新城区或城市新区的转变也是必然的。未来，这类开发区要在政策导向上向新城政策转变，处理好与城市、周边区域的关系。在制定规划时要考虑与主城区的分工合作和相互联系，在功能布局、交通体系、生态体系方面与主城区做好协调。

三是创新的空间。少数发展基础好、发展条件优越的开发区，随着自我发展能力的增强和区域创新能力的提升，将逐步实现创新升级，进入开发区的新阶段。在当前我国"创新驱动"的战略背景下，对于这类开发区，政策上继续强化对创新的鼓励和引导，积极引进高新技术产业，发展信息技术、生物医药、智能设备等高端制造和现代服务业，优化营商环境，提升公共服务和空间环境品质，推动产城融合，实现产业发展与环境的良性循环和互动，吸引更多高端人才入驻，营造宜业宜居的良好人居环境，成为创新型城市功能区（郑国，2015）。

3.4 开发区面临的战略问题

（1）"工业区"与"新城区"——开发区的功能定位。

经过三十多年的大浪淘沙，经济效益好、发展潜力大、对地方经济做出巨大贡献的开发区越来越发展壮大。随着开发区规模的扩大、人口的聚集，对服务功能的需求越来越明显。开发区继续发展为工业区还是发展为具有相对综合功能的新城区成为一个讨论的话题。

第一，开发区发展为新城区有其可能性。首先，国内的开发区多以近郊型或者远郊型为主，这与我国长期控制大中城市发展的政策有关，它使得开发区建设成为城市突破中心城区发展约束的契机。其次，从距离母城较远的区位条件来看，开发区应发展为新城区。再次，从规模来看，我国的开发区面积从 2 平方公里到数十平方公里不等，用地面积为开发区形成适度规模提供了条件。最后，从功能上看，开发区都规划有工业生产区、生产服务区、科研区、生活居住区和商业服务区等，已经具备了构成城区的基本结构。

第二，开发区发展为新城区有其必要性。随着开发区人口和规模的壮大，开发区继续单纯地作为工业区来发展，会对母城造成巨大的通勤压力和居住压力，增加开发区与母城的交通负荷，基础设施和服务设施的缺位不利于吸纳更多的就业人口，将降低开发区的吸引力，影响开发区经济的持续发展。而将开发区作为以工业为主的新城区来发展，适当地发展房地产、休闲娱乐等第三产业，与母城相协调地进行基础设施和服务设施建设，不但可以创造吸引力、聚集人气，营造出良好的城市环境，减少对老城区的交通负荷，而且会产生更大的经济效益，使开发区持续快速发展。

因此，开发区从单纯的作为工业区到发展为以工业为主的新城区，不但能为老城区减少交通和居住的压力，促进整个城市的空间结构调整和重组，还能提升自身的形象，吸引人口的集聚，保持工业和第三产业的平衡，从而使其良性循环发展。

（2）外向型与内生性——开发区的产业发展。

开发区最初的目的是引进外资、发展外向型经济，利用外资是开发区发展的主要动力，经过三十多年的发展，外向型经济带动国内经济发展和加快城市化进程的同时，也暴露出了很多问题。第一，外来投资易受国内宏观政策的影响而具有不稳定性，开发区也因政策的难以预料而成为非可控经济系统（皮黔生等，2004），如1996年国家对外资政策的调整导致开发区整体经济明显滑坡就证明了这一点。第二，四十多年的对外开放使得外商投资企业在国内经济中占到不可忽视的比例，各地区对外资产生了某种依赖性，更具体地表现为互相争夺发展权，全国"开发区热"难以控制。为争夺稀缺的外资，出现各地争相降价、无序和恶性竞争，导致国家整体利益流失。第三，跨国资本受新的国际劳动分工的支配而具有一定的局限性、流动性，其经济关联效应和技术转移效应并不明显，技术创新乏力，本地的区域创新网络发育不足，甚至会受到国际经济危机的影响，很明显的如1997年的东南亚经济危机。因此说开发区的工业发展是"注入式"，没有后效性。第四，"中国开发区只有企业没有产业"。很多外向型的企业都是单兵作战，未形成产业的整体力量，开发区的整体优势未能体现。

因此，为了避免单纯地发展外向型经济的弊端，开发区要主动参与国内经济结构的调整和所有制结构的改造，从单纯重视外资企业到内、外资企业并重，鼓励民营经济入驻发展，避免单一经济结构的脆弱性和不稳定性，增强开发区工业发展的可靠性；不但要吸引稀缺的外资，更要聚集稀缺的技术、人力资源，从引资到引资和引智相结合，以保证在新的发展形势下的竞争优势；培育根植性的产业，做大做强本地产业链条，培育地方创新网络，将外向型经济与内生性的经济结合起来，保持经济的稳定增长。目前我国的很多开发区都纷纷出台了对于引进内资的优惠政策，从思维观念、服务意识、管理体制等方面强化内资的引进。

（3）"孤岛"与"一体化发展"——开发区的发展模式。

开发区建立之初，常常选择在远离城区、地理界线明确的位置，通过"三通一平"或者"五通一平"的基础设施建设，利用优惠政策来吸引外资、发展工业，与外界联系甚少，因此从开发区所处的地理位置、政策体制、社会环境和生产力系统等角度看，开发区都可谓是"孤岛"。

一般认为，开发区自身有一定的生命周期和发展阶段，在起步阶段，开发区利用政策优势，经济总量高速增长，用地规模不断扩大；成长阶段的开发区逐渐出现了政策趋同，为了赢得比较优势，因此开始转向创造体制优势，如转变政府的职能与提高服务水平，确保硬环境设施的供应水平，降低生产经营成本，健全市场体系，与国际接轨等；在转型期，开发区要逐步实现经济增长方式的转变与创新。随着竞争的加剧和跨国资本的强流动性，开发区本位性主体的缺乏，将会严重影响到它的持续发展和综合竞争力，因此开发区要从注入式的经济增长向自协调的发展轨道过渡。并且针对开发区的城市化滞后于工业化的情况，强化城市化功能的开发，从产业结构、空间布局、基础设施等方面培育城市功能；最后进入成熟阶段的开发区在城市化的基础上演变成行政区，逐渐与母城相互融合，对母城的空间结构、产业、郊区化等方面产生重大影响。可见，从第三个阶段开始，开发区就要逐步走出"孤岛"，与周边区域协调发展，优势互补，在推进地区城市化方面有所作为。

我国开发区经过30多年的发展，已逐步发展到转型阶段或者成熟阶段，开始突破地理界线，更多地依赖其他地区的经济要素，从而与周边产生联系，越来越多地发挥城市化的功能，对周边地区的产业发展、人口就业、空间重组等产生重大影响，开发区甚至被认为是一种城市化的模式，因此，开发区走出"孤岛"，与周边地区和母城的一体化发展成为一种趋势。

（4）行政区与准行政区——开发区的体制选择。

开发区在运行的过程中形成了准政府的管理体制，大多以开发区管委会的形式进行管理和行使政府的部分职能，这种体制的创新发挥了重大作用，但随着开发区的发展壮大、经济实力的雄厚、空间的拓展，它也开始面临很多挑战和变数：开发区管理服务职能逐步拓展，导致财政负担加大，机构面临膨胀的压力；开发区管委会的经济管理、财政统筹等权限由相对集中转为软性分解，导致办事环节增多，协调难度大，工作效率降低；随着开发区承担的社会事务性工作的增多，开发区行政运用逐渐与普通行政区趋同，由相对自主、主动变为盲目随从、被动。有的开发区如福州开发区已与马尾区合并，广州开发区也在 2005 年 5 月宣布成立萝岗区，开始变为一个行政区，2014 年，萝岗区和原来的老黄埔区合并，成立新的黄埔区，广州开发区和黄埔区的管理体制实现深度融合。因此，开发区要变为一个真正的行政区还是继续走准行政区的路子，成为现阶段必须慎重对待的重大问题。应该在充分的研究论证基础上，因地制宜，根据实际情况来确定，避免一窝蜂都将开发区变为真正的行政区。

3.5 广州开发区的发展阶段

3.5.1 广州开发区概况

广州市毗邻香港特区，拥有良好的区位优势和人缘优势，吸引了大量外资和跨国公司，为开发区的发展创造了良好的条件。1984 年，广州经济技术开发区作为国家第一批开发区选址在黄埔区的东缘，珠江主流和东江北干流交汇处，即现在所称谓的西区，规划面积为 9.6 平方公里，规划工业用地面积 306 公顷，占总面积的 31.87%，生活居住用地 295 公顷，占总面积的 30.7%，与广州市区中心相距约 35 公里，南离深圳市 114 公里，具有明确的地域界限。开发区交通条件良好，有公路、铁路、港口等交通方式对外联系，广深高速、广惠高速、广园快速路和广九铁路等都通过区内，黄埔新港也位于开发区内，且有港口铁路专用线与广九铁路相连。同时开发区周边分布了众多的高等院校和科研机构，是广州智力资源最丰富密集的地区之一，是高新技术产业发展的科研和人才培训基地。

凭借着优惠的政策、优越的区位条件和广州市大都市的地位，广州开发区发展迅猛，经济实力日益雄厚，用地范围也几经扩大，从原来的四面环水的黄埔三角洲——规划面积仅 9.6 平方公里封闭的西区，21 世纪初发展到包括科学城、东区、永和区以及萝岗等街镇在内的 200 多平方公里连片区域；管理方式也发生了改变，1998 年 8 月，经济技术开发区与广州高新技术开发区合署办公，随后又与保税区和出口加工区合并，到 2000 年实现了四个国家级经济功能区"四区合一"管理模式，即四块牌子、一套管理机构、覆盖四块区域，成为全国享受优惠政策最多的开发区，至 2012 年，新设立的中新知识城管委会与开发区合署办公，形成"五区合一"。广州开发区在经济总量、规模等很多方面都位于我国国家级开发区前列。广州开发区作为首批 14 个国家级开发区之一，成立早、规模大、发展较好，历经多次空间和行政区划的调整，其发展过程在我国开发区中具有一定的典型性。

总的来说，广州开发区由广州经济技术开发区、广州高新技术产业开发区[①]、广州保税区、广州出口加工区四个经国务院批准设立的国家级经济功能区和广州中新知识城组成，位于广州市东部，地处白云区、天河区、增城市等行政区（市）交界处，南面为东江与珠江的交汇处，东南面与东莞市隔江相望，西南面与番禺区隔江相望。

广州开发区的发展历程如下[②]：

①1984 年开始建设广州经济技术开发区（西区），规划面积 9.6 平方公里。

②1992 年开始建设东区，规划面积 7 平方公里。

③1993 年开始建设永和经济，规划面积 37.57 平方公里。

④1998 年开始建设科学城，规划面积 44.87 平方公里。

⑤2010 年，广州市政府与新加坡合作的中新知识城建立，位于原科学城北区，规划面积 123 平方公里，2012 年中新知识城管委会并入广州开发区管委会合署办公。2019 年，中新知识城升级为国家级双边合作项目。

在此期间，随着开发区不断发展壮大和与周边区域的融合发展，开发区经历了不同层面的行政区划调整。2003 年白云区萝岗镇、黄陂农工商公司、岭头农工商公司和天河区玉树村以及黄埔区笔岗村划归广州开发区管辖，东区、永和经济区、科学城连成一片，开发区总面积达 214 平方公里。2005 年 4 月，在广州开

---

① 广州高新技术产业开发区批准成立于 1991 年，实行的是"一区多园"的发展模式，由广州科学城、天河科技园、黄花岗科技园、民营科技园、南沙资讯科技园等组成，1998 年与广州经济技术开发区合署办公，书中的高新技术产业开发部分是指后来着重开发的科学城，主要考虑到它在地域上与经济技术开发区临接，且是工业区的性质，而其他的园区多属于科技市场性质，工业的成分较少。

② 其中，保税区 1992 年设立于西区，是实行"境内关外"的海关监管政策的综合性对外开放特殊经济区域；出口加工区成立于 2000 年，位于东区内，是海关对进出口的货物及区内相关场所进行 24 小时监管的特殊封闭区域。

发区基础上，整合周边农村地区，广州市设立萝岗区，将白云区九佛镇、增城市镇龙镇、永和镇部分村及黄埔区西基村等划入，管辖面积约 393 平方公里。2014 年 2 月，广州市政府再一次进行行政区划调整，撤销黄埔区、萝岗区，设立新的广州市黄埔区，以原黄埔、萝岗的行政区域为新的黄埔区的行政区域，管辖面积约为 484 平方公里。调整之后新黄埔区和开发区的管理机构分设，广州开发区侧重辖区内的园区建设、招商引资和经济发展等工作，黄埔区的城市建设、社会管理、公共服务等功能覆盖到经济功能区，使两区工作运作能够协调协同和紧密配合。通过区划调整，广州开发区与黄埔区深度融合发展，成为广深科技走廊和粤港澳大湾区建设的重要支点。2016 年，广州开发区获批成为全国首批"产城融合"示范区。

2018 年，广州开发区全区实现地区生产总值 3465 亿元；规模以上工业总产值 7603 亿元，居全市第一；固定资产投资 1165 亿元，居全市第一；财税总收入 1052 亿元；合同利用外资 41 亿美元，增长 81%；引进重大项目 138 个，总投资超 2000 亿元。国家商务部发布的 2018 年国家级经济技术开发区考评结果，广州开发区在全国 219 家国家级经济开发区中经济总量、综合效益、科技创新排名第一，综合考评排名第二，黄埔区位居全国工业百强区第二。另外，区内民营经济不断发展壮大，规模效益不断提升，成为了全区经济社会发展的主引擎和增长极。全区聚集民营及中小企业超过 20000 家，民营经济已经成为全区的重要力量，全区 80% 以上的规模以上工业企业是民营及中小企业，80% 以上的高新技术企业是民营及中小企业，80% 以上的授权发明专利、技术创新成果和新产品来自民营及中小企业，呈现实力强、活力足、业态新、贡献大、辐射广、潜力大等特点。

经过三十多年的发展，广州开发区已成为广州市吸引外资、发展现代工业和高新技术产业、开展对外贸易的主要基地、重要的经济增长点，是推进广州东部地区工业化、城市化的主要力量。广州市第八次党代会提出，以广州经济技术开发区为龙头，有效整合东部各类经济功能区资源，形成东部制造业产业带。2000 年在广州制定的城市发展战略与概念规划中，确定了城市向东、向南发展的战略。所确定的"东翼大组团"以广州经济技术开发区为依托，以高新技术产业为导向，建设广州制造业的基地，将旧城区的传统产业向黄埔—新塘一线集中迁移，利用港口条件，在"东翼大组团"形成密集的产业发展带。在《广州市城市总体规划（2017－2035 年）》里，以广州知识城为中心的创新组团被定位为国际科技创新枢纽，成为广州除主城区之外的三个枢纽之一，以知识城为引领的广州开发区正在向创新型城区发展。广州开发区建立至今，从单一的外向型工业区到以工业为主的新城区，从综合型城区到创新型城区，对广州城市的产业结构与布局、空间结构的调整起了重大作用，为广州市的经济增长、产业结构调整、增加税收等方面做出了重大贡献，成为广州市重要的经济发展增长极、科技创新重大引擎、创新驱动发展核心区。广州开发区对广州的经济发展、科技创新持续做出贡献的同时，也在不断改变着广州的城市形态、发展方向和地域空间结构，与城市日益融合，并将为粤港澳大湾区的发展发挥重要作用。

3.5.2 发展阶段

依据广州开发区的产业增长、发展速度和空间拓展等几个方面，广州开发区的发展大体上可以分为三个阶段：

（1）起步开发阶段（1984~1992年）。

从图3-2的曲线可以看出，这一阶段工业产值一直比较平缓，主要由于开发区本身的土地有限，引进的企业规模较小。广州开发区自建立初始，强调依托母城发展，其基础设施的发展与广州市区相配套，用地规模较小，坚持"逐步开发，分片建设"的原则，确定了"三为主"的建区方针，工业生产稳定增长。开发区利用国家和广州市赋予的优惠政策，建立起了在资金、技术、管理、城市土地开发等方面全新的运作机制。在产业发展方面，积极引进外资，发展工业，产品也以出口外销为主。产业的发展呈现出以下特征：①前来投资的企业基本上是外资或合资企业。②企业规模不大，多为中小型企业，以轻工业为主。至1990年底，全区仅有大型企业4家，中型企业9家，而小型企业66家，占到总数的83.5%；轻工项目投资总额达到37753万美元，占全区生产性项目投资额的79.7%，同时也是开发区工业中发展最快、外商投资最多的行业，很多轻工业项目的上马为开发区赚取了第一桶金。③劳动密集型企业占了较大的比重。前期引进的工业项目多为周期短、投资回收快的轻工、纺织、制衣等，技术水平不高。④在产业构成中，以第二产业为主，明显呈现出工业加工区的特点。同时，在这一阶段，企业入区的门槛较低，很多污染性企业得以进入。至1990年底①，全区共实现工业利润2.1亿元，其中"三资"企业工业利润1.8亿元，占85.7%；

---

① 由于历史资料的统计口径及统计分类不同等原因，无法获知1991年的部分数据，因此，此处采用1990年的数据。

出口产品产值 15.6 亿元,其中"三资"企业出口产品产值达 14.9 亿元,占 95.5%。开发区这个时期的定位实质上是"出口加工区"。

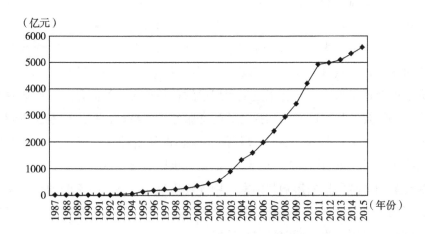

图 3 - 2 广州开发区历年工业总产值变化

这一阶段,开发区的土地开发范围主要集中在西区,总体来说,这个阶段开发区的重点建设集中在工业区,呈现出单一的工业生产区的性质,从已开发土地的功能结构看,工业用地占了绝对的比重,以 1988～1989 年向外商出让土地使用权为例,工业用地比例达到 69.3%,生活公用设施水平很低,处于起步开发的阶段,不具备一般意义的城市功能。

(2)扩张调整阶段(1993～2002 年)。

20 世纪 90 年代初,随着邓小平"南方谈话",我国掀起了新一轮的改革开放浪潮,大量外资开始流向中国,跨国公司也在中国竞相投资,我国的经济发展和对外开放进入了一个新的历史时期,广州开发区作为外商投资的重点地区得到了快速发展,它的经济总量持续高速增长,土地开发和建设规模迅速扩大。在 1994 年编制的《广州市经济技术开发区经济社会发展"九五"计划》中,开始提出发展第三产业,但重心仍然是促进工业发展。2002 年,广州开发区第二产业增加值占地区生产总值比重仍高达 79.1%,为 193.6 亿元,第三产业增加值比重约为 20.9%。这时期工业产值的发展曲线明显上升,从产业来看:①跨国公司开始进入。跨国公司在开发区投资设厂,推动了产业从小型的、劳动密集型加工工业逐渐向高新技术产业转变,产品的技术含量明显提高,实际利用外资从 1992

年的 0.38 亿美元增长到 2002 年的 5.6 亿美元，年均增幅 30.9%。②支柱产业开始形成，即化学原料及化学制品制造业、电子及通信设备制造业、食品饮料制造业、电气机械及器材制造业等产业的工业总产值、增加值和利润都占较大比重。③集群效应日益显现。初步形成松下、宝洁、依利安达、顶新、旺旺、安利、本田汽车配件、光宝、大众九大企业族群。2002 年，仅仅九大企业族群就新增加投资项目 4 个，增资项目 7 个，投资总额 5.3 亿美元。④打破出口加工区的状态，第三产业逐步增多。随着工业生产规模的日益扩大，为满足第三产业发展和人们生活的需要，开发区开始加强公共配套服务设施建设，房地产业也得到了一定的发展，为居民日常服务的大型零售业业态也开始进驻。第三产业增加值由1996 年的 9 亿元增长至 2002 年的 51.2 亿元，年均增长 33.6%。这一阶段的后期由于受到亚洲金融危机的影响和国家利用外资政策的调整，引资的增长势头有所缓和，再加上自身经济总量基数不断加大，经过一段时间的超高速发展，经济增长的速度逐渐趋缓，走向调整稳定的发展。

土地开发方面，经过前一阶段的土地开发和招商引资，原来 9.6 平方公里的土地基本用完，为了满足工业项目对用地的需求，开发区开始寻求新的发展空间。1992 年 5 月，广州保税区开始批准建设，接着在西区东北约 3 公里、面积为7 平方公里的开发区东区和位于增城永和镇的面积为 30 平方公里的永和经济区相继投入建设（见图 3 - 3）。到 90 年代末，定位为发展高科技制造业和高新技术产业、规划面积为 44.87 平方公里的科学城开始启动。

一方面由于开发方式是由项目来主导的，迅速增长的外资对于土地、厂房等的大量需求导致了土地开发规模的迅速扩大，开发区几个片区的投入开发也为投资者提供了更多的选择，但从另一方面来说也导致了用地的无序和分散，为以后的整合提高了难度。

（3）转型优化阶段（2003～2010 年）。

21 世纪以来，随着国内外环境的变化，开发区纷纷提出"二次创业"。在中央扩大内需、鼓励多种经济发展、深化国有企业改革等一系列政策的引导和推动下，国内企业和资本跨地区、跨行业、跨所有制的流动和重组日渐频繁，开发区内资企业也在逐渐增多。另外由于开发区的政策优势有减弱的趋势，开发区通过打造优质的软环境和规划建设一批基础设施，从软硬两个方面为经济的持续高速发展提供了保障。在总体定位方面，2003 年广州开发区在第一次党代会上提出，要建设成为"以现代工业为主体，三次产业协调、经济与社会全面进步的广州新城区，争当广州率先实现社会主义现代化的排头兵"。2005 年 4 月，在广州开发区基础上，整合周边农村地区，广州市设立萝岗区，其定位为"适宜创业发展、适宜居住生活"的广州东部生态新城区。在萝岗新城规划中也提出其功能定位为珠三角地区的创新基地、广州的东部城市副中心、具有岭南文化特色的山水花园新城区。

该阶段开发区经济的发展快速又稳定，地区生产总值和工业总产值一直保持着 20% 以上的增长速度。同时，土地开发也日益集约化，项目投资密度持续提高，引进外资与内资并举，重工业和轻工业并存，高技术企业迅速增多，工业的增长速度经过前一阵的波动之后开始稳步上升，企业的入区门槛提高，基础设施逐渐完善，各种公共配套服务设施有了很大的改善，开发区的定位开始从工业区向综合性的新城区转变，城市的功能开始转型，逐渐从注入式经济增长向自我协调式经济发展的轨道过渡，整个开发区进入综合优化阶段。

总体来说，开发区的产业发展呈现出以下几个特征：

一是形成六大支柱产业，即化学原料及化学制品制造业、电子及通信设备制造业、食品饮料制造业、电气机械及器材制造业、金属冶炼及加工业、交通运输设备制造业（含汽车及零配件制造业），它们支撑着开发区工业的高速增长。2010 年，六大工业支柱产业实现工业总产值 3491.38 亿元，比 2009 年增长 21.5%，占全区工业总产值的比重为 82.59%，对全区工业增长的贡献率为 87.61%。

二是企业规模大型化。超大型企业成为带动全区工业增长的主要因素，在园区的招商思路上，也主要吸引规模大、世界 500 强等大型的、投资密度大的跨国公司。2010 年，工业总产值排名前 50 名的工业企业合计完成工业总产值 2912.99 亿元，占全区工业总产值的 68.91%。其中：产值 100 亿元以上的企业有 5 家；产值 50 亿元以上的有 16 家；产值超亿元的有 331 家，共完成产值 4003.99 亿元，占全区产值的 94.71%，实现工业增加值 1109.33 亿元，占全区工业增加值的 95.71%。

三是开发区的高新技术产业快速发展。科学城是高科技研发和制造的基地，很多重大的高技术项目都落户其中。随着全区产业结构的不断升级，高新技术产业成为推动其经济持续发展的强大动力，2010 年，广州开发区实现高新技术企业产值、高新技术产品产值分别为 1281.83 亿元、1780.75 亿元，分别比 2009 年增长 26.03%、28.44%。高新技术企业全年实现利润总额 61.21 亿元，比 2009

年增长 19.22%，比全区工业利润总额增速高出 4.72 个百分点。

四是投资项目集群化效果明显。在本田项目的带动下，周边 80 多家与之配套的企业形成汽车产业集群，在光宝集团、台湾大众集团等的带动下，也引进了多项电子信息产业的项目。

五是第三产业在迅速发展，产值不断增加，在国民经济中的作用也不断提高。2010 年，第三产业增加值达到 420.73 亿元，同比增长 24.27%，比第二产业和全区生产总值（GDP）增速分别高出 5.67 个、7.42 个百分点，占全区 GDP 的比重达到 26%，比 2009 年比重提高近 1 个百分点。现代服务业增加值 229.52 亿元，增长 26%，占全区 GDP 的比重达到 14.19%，第三产业增加值比重达到 54.55%。广州开发区政府致力于引进大型第三产业，提高全区第三产业的档次和等级，加强现代生产服务业和金融、咨询、会计、审计、会展等新型专业服务性行业的发展，进一步完善开发区的产业结构。广州开发区内形成了第三产业增速高于第二产业，现代服务业增速高于传统服务业的良好态势。

土地的开发方面，越来越强调集约利用。开发区在自身用地开发的同时，积极寻求用地的扩张，与周边地区的融合和一体化的发展。在 2003 年白云区萝岗镇、黄陂农工商公司、岭头农工商公司和天河区玉树村以及黄埔区笔岗村划归广州开发区管辖，东区、永和经济区、科学城连成一片，开发区总面积达 214 平方公里，在这个基础上重新制定了总体规划，使开发区在更大的地域范围内合理地布置各类用地和安排土地开发。2005 年，依托开发区建立萝岗区之后，根据新的城市定位，开发区在优化区内环境、优化产业结构方面积极努力：加强路网建设，形成内通外联、高档优质的道路和轨道交通网络；规划建设天鹿湖森林公园、萝岗香雪公园、科学城公园等，构筑"绿色屏障"①。开发区开始从一个单纯的工业加工区转变为一个新型的工业城区。

（4）创新升级阶段（2011 年至今）。

进入"十三五"规划时期，广州开发区已经走过了 26 个年头。经过前一个阶段的用地扩张和行政区划调整，开发区产业发展稳步推进，空间布局逐渐优化。产业方面，开发区加快产业升级，大力发展先进制造业和战略性新兴产业，以知识型密集产业为核心导向，推动知识城、科学城、黄埔港和国际生物岛四大产业片区联动发展，建设新一代信息技术、人工智能、生物医药等产业集群，加

---

① 开发区要做城市副中心〔EB/OL〕．http：//www.gz.gov.cn/egov，2003．

快发展新能源、新材料等战略性新兴产业，推进先进制造业和现代服务业的深度融合等，形成三大千亿级产业集群和四大 500 亿级产业集群，累计建成 14 个国家级产业基地。2019 年，广州开发区电子信息、电力供应、化学制造、汽车制造、食品饮料、金属冶炼、电气机械制造七大支柱产业完成规模以上工业总产值 4276.05 亿元，占全区规模以上工业总产值的 72.1%。其中电子信息产业完成产值 1622.02 亿元，同比增长 5.1%，占全区产值的 20.4%。外资利用方面，开发区累计引进外资企业 3500 家，投资额超过 3000 亿美元，世界五百强企业及项目 170 多个。开发区还不断优化利用外资结构，促进外商参与企业合资合作，支持外资带动民营及中小企业协同发展。同时，创建开发区新型管理体制，打造国家级营商环境，创建高质量发展的载体空间。

2008 年金融危机带来了全球经济环境的巨大变化，我国的经济发展也进入新常态，伴随着国家创新驱动战略的实施，开发区开始从创新上发力，吸引海内外优秀创新人才和创新企业在开发区集聚，并以知识城为抓手推进高新技术产业的集聚和创新空间的培育。2010 年，广州市政府与新加坡合作的中新知识城建立，位于原科学城北区，规划面积 123 平方公里，2011 年，中新知识城的起步区开始建设，2012 年中新知识城管委会并入广州开发区管委会合署办公，实现"五区合一"的管理体制，2019 年，中新知识城升级为国家级双边合作项目。在《广州市国土空间总体规划（2018－2035 年）》中对知识城的定位为：国家级双边合作区、国家知识产权运动和保护总体改革试验区、粤港澳大湾区知识创造示范区，打造具有全球影响力的国家知识中心，构建粤港澳大湾区战略型新兴产业创新基地、先进制造业发展区。在最新版的知识城总体规划中提出要打造具有全球影响力的国家知识中心，粤港澳大湾区知识创造示范区。知识城聚焦战略性新兴产业，重点发展新一代信息技术、数字经济、生物医药、总部服务、新能源、新材料、高端装备制造等产业，构建多元化的生活、生产服务体系，提供网络化优质服务。知识城结合不同类型功能的产业圈，构建服务、研发、生产为主导的产业服务中心。中新知识城自设立以来，利用优越的本地生态资源，一直注重对城区环境品质的打造和服务设施体系的完善，不断提升服务设施的品质化和多元化，国际商贸城等商业商务类项目和腾飞等居住类项目相继建设。截至 2017 年，知识城拥有筹建企业 51 家，投资总额约 565 亿元，其中已开工项目 25 个，已签土地协议待开工项目 15 个，待出让土地项目 7 个，完工试投产项目 4 个。全部项目建成后，实现工业产值约 1030 亿元，实现科研、商贸及服务业营业收入约

1500 亿元。围绕着中新知识城项目的建设，开发区着力引进高新技术企业，出台大量鼓励创新的政策制度，完善体制机制。

2015 年，萝岗区和黄埔区合并成立新的黄埔区，新的黄埔区与开发区在管理体制上高度融合，这使得开发区可以在更大的范围内统筹布局，整合东部地区的空间和资源，优化空间格局，着力打造创新示范区，建设低碳生态智慧和谐的创新城区。在《广州新黄埔发展战略规划纲要》中，确定了三个经济板块，分别是北部的知识城板块、中部的科学城板块和南部的临港经济区板块，这事实上是从更大的空间内对开发区产业布局的优化和调整。对于中部和南部的工业用地，一方面要大力发展工业4.0、智能化集成制造等创新型产业，利用信息技术等高科技进行改造，促进传统产业的转型升级。另一方面适当地考虑"退二进三"，或者"退二进二点五"，发展现代服务业和生产性服务业。对于北部地区，则是着力打造创新基地，引进和发展高新技术产业。

广州开发区各发展阶段特征如表3-3所示。

表 3-3　广州开发区各发展阶段特征

特征 ＼ 阶段划分	起步开发阶段 （1984～1992 年）	扩张调整阶段 （1993～2002 年）	转型优化阶段 （2003～2010 年）	创新升级阶段 （2011 年至今）
定位	出口加工区	工业区	综合性的新城区	创新型新城区
土地开发范围	西区（孤立点）	西区、东区、保税区、永和区、科学城（分散片区）	西区、东区、保税区、永和区、科学城（萝岗镇、黄陂、岭头、玉树村、笔岗村划归开发区代为管辖，整个片区连为一片）	西区、东区、保税区、永和区、科学城、知识城（2015年成立新的黄埔区，与开发区深度融合）
用地类型	工业用地占绝对比重	公共设施用地增多，仍以工业为主	与工业配套的公共设施、居住用地持续增多	第三产业用地比重不断增加
生产生活服务配套	零星建设，但严重不足	逐渐增多，但规模小、层次低，仍不能满足需求	兴建大型服务设施，发展为城市副中心	配套完善，环境品质持续提升

续表

阶段划分 特征	起步开发阶段 （1984~1992 年）	扩张调整阶段 （1993~2002 年）	转型优化阶段 （2003~2010 年）	创新升级阶段 （2011 年至今）
产业结构	第二产业占绝对优势	第二产业为主，第三产业逐渐发展，支柱产业形成	第二产业发展的同时第三产业不断壮大，六大支柱产业发展稳定	高新技术产业比重持续增大，现代服务业快速提高
产业类型	劳动密集型	劳动、资本密集型	资本、技术密集型；强调与区域产业的配套	技术密集型企业持续增多，鼓励创新的体制机制逐渐完善
企业规模	中小型企业为主	大型企业为主	大型世界 500 强企业、跨国公司、投资密度大的企业	中小企业增多，高新技术企业快速增长
企业资本来源	外资、合资	外资、合资、少量内资	外资、合资、内资	外资持续增多，民营资本也快速增多
技术水平	较低	有较大提高，但总体偏低	稳步提高	快速提高
行政管理	由于功能单一，以经济事务管理为主	管理内容增多，社会事业管理面临挑战	与行政区合并，理顺管理体制	行政区划再次调整，进一步理顺管理体系

第4章 开发区的地域空间演变

4.1 开发区的空间演变

开发区的空间发展是一个不断变化的过程，随着规模的扩大，其用地空间的扩展模式和方向受到政策、资金、用地、人口等多种因素的影响。开发区一开始一般选址在城市近郊或远郊，位置和边界相对独立，呈现出"孤岛"状的空间形态，其功能主要是作为一个发展工业的据点，招商引资，拉动地区经济的发展。开发区成立之初的起步区普遍规模较小，随着企业的入驻、各项建设的推进，其用地范围不断扩大，空间不断拓展，各类服务功能不断完善，其内部的空间形态和功能布局结构也在不断变化，空间环境和城市面貌逐渐优化。有的开发区以最初范围为中心，进行圈层式拓展，有的开发区跳出原来的地块，开发建设新的地块，最终形成了一定的空间布局和形态特征，有的甚至发展成为普遍意义上的城市空间。

开发区在不同的发展时期呈现出不同的空间发展特征，其空间演变过程大致可以分为三个阶段：起步阶段的点状形态、成长阶段的分散化布局形态、优化阶段的团块状形态。

4.1.1 起步阶段的点状形态

早期开发区选址在城市近郊或远郊，在功能上和空间上与主城区缺乏有机的联系，成为相对独立的一个经济增长点，因而开发区空间初期阶段呈现出孤岛化的发展形态。同时，由于受到经济实力的限制，起步期的空间范围不大，区内土地开发规模和设施建设规模都较小，早期入驻的企业规模也较小，实力不强。很多开发区采用"逐步开发、分片建设"的方式，先集中在一片区域进行开发建设，结合工业企业的建设，配置少量的基本公共服务设施。这一阶段开发区用地空间呈现出集中的点状发展，在空间结构上形成独立于主城区的"飞地"。

从用地结构来看，工业用地占整个开发用地的很大比例，很多地区高达50%以上，其他的居住、道路、绿地、服务设施用地普遍不足。开发区内的工业项目比较单一和零散，初期的招商引资很多考虑产业链的构建和企业之间的分工合作，企业之间的联系较少，无法形成产业集群。从用地功能看，开发区内功能较为单一，以工业项目为主，缺乏各种配套服务设施。入驻的企业普遍层次不高，投资规模小，大多为高污染、低技术含量和低附加值的产业，且数量不多。因此，早期开发区生产功能也比较薄弱。另外，区内的职工数量不多，难以形成规模经济的效益，因此难以配置完善的设施，导致区内只有少量最基本的小型设施，商业、文化、娱乐等设施严重缺乏，总体的生活服务功能滞后。

4.1.2 成长阶段的分散化布局形态

20世纪90年代中后期，随着国际产业转移的加速，西方发达国家的制造业纷纷外迁进入发展中国家，我国也开始有大规模外资进入，开发区引进的企业从规模、层次、技术水平等方面都有了很大的提高。大批企业和公司的入驻，产业用地的增多，使得开发区的建设规模迅速扩大，开发区不再局限于原来的启动区和起步区，开发区空间范围不断扩张。区内企业的类型逐渐多元化，工业生产向产业化、规模化的方向转变，大型跨国公司开始进驻，企业的平均投资规模逐渐增大，开始形成明显的产业群，工业类型开始从劳动密集型向资金、技术密集型转变，重工业的比重也开始逐渐加大。

这一时期，开发区空间形态发生明显变化，从原有的点状集中布局向分散化的空间形态演变，表现出"蜂窝状"或者"串珠状"的分布形态。由于区内在招商引资过程中过于迁就企业，造成很多已开发用地和未开发用地相互混杂，从外部环境看，用地开发呈现出间断状，整体的环境状况较差。从用地结构看，开发区在工业用地快速增长的同时，开始注重各种商业、居住等生活服务设施的配套，工业用地的比重有所下降，但仍然以工业用地为主。从功能结构看，开发区引入大型企业和公司，产业层次不断提高，相互之间的联系日益加强，实现了向产业集群化和规模化的发展方向转变。由于工业的带动和就业人口的增长，区内的各种配套服务功能也快速发展，以缓解就业人口的不断增加与公共服务设施严重不足的矛盾，开发区的生活环境不断改善。

4.1.3 优化阶段的团块状形态

进入 21 世纪，随着经济全球化的发展，特别是中国加入 WTO，开发区的政策优势逐渐消失，各个开发区之间的激烈竞争进一步加剧。为了应对外部环境和开发区自身发展的需求，开发区开始调整其用地规模和空间布局。这一阶段，开发区出现分化和转型，一些发展较好的开发区进入优化和转型发展阶段。在这一时期，开发区的空间范围进一步扩大，开发区内的工业企业和工业项目基本饱和，很多大型企业的入驻，带动了上下游相关企业的发展，成为产业集群。支柱产业逐渐发展壮大。区内空置的土地得到开发和建设，土地利用效率大大提升，空间布局紧凑，开发区整体空间表现出"团块状"的均衡发展态势。另外，随着高新技术企业的大量增多，企业自身用地布局表现出更灵活自由的特点，形成了良好的城市景观，也提升了开发区的整体环境风貌。

这一时期开发区的用地规模基本稳定，用地结构逐渐优化，第三产业用地稳步增加。随着高新技术企业入驻和高层次人才的引进，开发区的整体环境和综合服务有了更高的要求，各种基础设施和公共服务设施越来越完善，房地产项目也开始大量建设，居住、商业和公共服务空间逐渐增多。开发区开始承担越来越多的城市功能，一些高档住宅小区、公园绿地和大型的商业和文化娱乐设施开始兴建，并形成了一定的中心，开发区的独立性明显加强，开发区逐渐从以生产功能为主的工业区向生产生活功能综合平衡发展的新城区转变。

4.2 广州开发区的地域空间演变

4.2.1 地域空间演变

经过三十多年的发展，作为广州市重要的制造业基地，广州开发区为城市的经济增长、产业结构调整、增加税收等方面做出了重大贡献，其本身的地域结构和功能不断演变,从一个孤立的工业园区,逐渐发展为广州市东部布局合理、功能完善的综合性工业新城。而其空间演变本质上是社会、经济、政治、文化等要素的运动过程在空间上的反映,与经济发展有着紧密的对应关系,依照经济发展的轨迹,广州开发区地域空间演变经历了三个阶段(见图4-1):

1992年前的开发区范围

1993~2002年的开发区范围

2003~2005年的开发区范围

图4-1　广州开发区地域空间演变示意图

(1)起步发展阶段——"孤岛"状(1984~1992年)。

广州开发区自建立初始,坚持"逐步开发,分片建设"的原则,工业生产稳定增长。初期开发建设主要集中在西区,分4个工业小区逐步开发,即港前、北围、东基、西基工业区等,首期开发2.6平方公里,起步区为1.5平方公里。工业发展的同时,建成了一批为工业生产和生活服务配套的管理设施和商业、服务设施,从而实现紧凑发展,收到了"开发一片、建成一片、收益一片"的效果。

总体来说,这个阶段开发区的重点建设集中在工业区,呈现出单一的工业生产区的性质,工业用地占绝对比重,以劳动密集型产业为主,中小企业居多,处于起步开发的阶段,不具备一般意义的城市功能。

该阶段开发区空间形态表现为点状内聚生成的特征,成紧凑的小团块状。由于地理条件的限制,开发区西南、东南和北部分别以珠江、东江和横溍河为界,被河流所包围,具有明显的地理界线,这造成了开发区初期与周边区域联系较少,呈"孤岛"状的孤立发展状态。

(2)快速扩张阶段——"串珠状"(1993~2002年)。

20世纪90年代初，我国的经济发展和对外开放进入了一个新的历史时期，广州开发区作为外商投资的重点地区得到了快速发展，空间也开始迅速扩展。经过前一阶段的土地开发和招商引资，原来9.6平方公里的土地基本用完，为了满足工业项目对用地的需求，开发区开始寻求新的发展空间，在西区东北约3公里、面积为7平方公里的开发区东区和位于增城永和镇的面积为30平方公里的永和经济区相继投入建设。到90年代末，定位为发展高科技制造业和高新技术产业、规划面积为44.87平方公里的科学城开始启动。随着外资的大规模进入国内，开发区引进的企业从规模、层次、技术水平等方面都有了很大的提高。区内工业生产向产业化、规模化的方向转变，大型跨国公司开始进驻，企业的平均投资规模逐渐增大，形成了几个产业群，工业类型从劳动密集型向资金、技术密集型转变，重工业的比重逐渐加大。

纵观整个90年代，由于广州市土地稀缺和对使用容量的预见性不够，开发区用地分散，形成了一个"串珠状"的空间形态，在行政区上也涉及天河、白云、黄埔、增城，这在一定程度上制约了开发区的发展。首先，缺乏统一建设策略，各区都提出了自己的建设概念，使得它们的综合优势没有发挥出来；其次，各区在地域上的不连续性，使其规模效益无法体现，尤其在基础设施建设方面表现突出，每个区的基础设施都要从零开始，使开发区建设的边际成本居高不下。

这一阶段，开发区空间形态主要是依托西区，向北、东北和西北等方向扩张，依靠主要的交通干道相联系，整个开发区在空间上呈现出一个"串珠状"的发展态势。

（3）综合优化阶段——"团块状"（2003年至今）。

进入21世纪以后，面对不断变化的外部条件和开发区本身的内在需求，开发区在空间上也开始不断融合和集中。这期间，开发区的空间范围和行政区划进行了多次调整。

2003年11月白云区萝岗镇、黄陂农工商公司、岭头农工商公司和天河区玉树村以及黄埔区笔岗村划归广州开发区管辖，东区、永和经济区、科学城连成一片，开发区总面积达214平方公里。通过行政区划调整的手段将周围的村镇纳入开发区统一管理，也使开发区由一个工业园区变成了包含有大量农村和各种地域形态的综合区。

以此为基础，2005年4月28日，经国务院批准，以广州开发区为依托成立广州市萝岗区，将白云区九佛镇、增城市镇龙镇及永和镇部分村、黄埔区西基村等划入，总面积 393 平方公里。萝岗行政区的设立，是实施广州"东进"战略的重要举措，也意味着这一区域将由功能相对单一的产业区向功能复合的城区转型。依托广州开发区强大的产业基础和发展能力，增强城市服务功能和产业服务功能，建设广州东部城市副中心，萝岗区将成为广州实施东进战略的核心主体和整合广州东部各种发展力量的重要平台。

为了寻求产业的转型升级，响应国家创新发展战略，2010 年，广州市政府与新加坡合作的中新知识城建立，位于原科学城北区，规划面积 123 平方公里，2011 年，知识城的起步区开始建设，2012 年中新知识城管委会并入广州开发区管委会合署办公，实现"五区合一"的管理体制，2019 年，中新知识城升级为国家级双边合作项目。

为了进一步整合开发区及其周边地区，推动广州东部地区进一步融合发展，推动社会事务和经济事务管理的协调，2014 年 2 月，广州市政府再一次进行行政区划调整，撤销黄埔区、萝岗区，设立新的广州市黄埔区，以原黄埔区、萝岗区的行政区域为新的黄埔区的行政区域，总面积 484 平方公里。2015 年，《广州新黄埔发展战略规划纲要》（以下简称《规划》）正式发布，对未来五年发展方向做出安排。《规划》中指出，将重点规划中新广州知识城、广州科学城、广州国际生物岛、黄埔临港经济区、西区、云埔工业区、长岭居七个园区。各个园区各有特点，各有侧重，例如，中新广州知识城要发挥与新加坡合作的优势，重点发展创新型产业；广州国际生物岛要以中以合作为特色，发展生物医药产业链。

从这几次开发范围和行政区划的调整可以看出，开发区在快速发展的同时，与周边地区的关系也在不断调整，开发区发挥了对周边地区的城市化带动作用，进而引发了行政区划和行政管理的调整。

这一时期开发区开发重点从量的快速提高向质的完善发展阶段转变。区内经济发展快速又稳定，土地开发也日益集约化，引进外资与内资并举，重工业和轻工业并存，高技术企业迅速增多，工业的增长速度稳步上升，企业的入区门槛提高，基础设施逐渐完善，各种公共配套服务设施有了很大的改善，第三产业不断发展壮大，生产生活服务配套设施逐步增多，服务半径大、区级的大型服务设施开始兴建。开发区的定位从工业区向综合性的新城区转变，城市的功能开始转型，逐渐从注入式经济增长向自我协调式经济发展的轨道过渡，整个开发区进入调整优化阶段。

4.2.2 功能与空间布局的演变

（1）工业生产功能和空间布局的演变过程与特征。

广州开发区的生产功能及其用地的扩展对整个区域的用地空间布局的形成具有主导作用。其工业生产功能及其空间布局的演变大体经历了三个阶段：

第一阶段，以劳动密集型、市场指向性强的工业为主体，从业人数缓慢增长，生产用地集中于西区的起步阶段（20世纪90年代初以前）。

1985年开始有企业入驻广州开发区，工业生产项目逐年增多，但是由于初期资金有限，基础设施的水平相对较低，难以吸引到大型的跨国公司，区内多劳动密集型和资金密集型产业，主要行业为市场指向性强的食品、饮料、精细化工、金属制品等，投资规模普遍较小。企业和行业的特点决定了受市场的影响较大，抗风险的能力较弱，制约着开发区经济整体发展。开发区内的从业人数随工业的增长不断增加，但总量不多，增长速度慢，整体人口素质不高，通勤人口大量存在。

该阶段生产用地集中在西区，共9.6平方公里的土地分四个工业小区进行滚动开发，由于受基础设施条件和土地开发的规模所限，工业项目无法按照专业类别和生产协作关系进行布局，各种不同性质的生产项目混合布置，个别企业的生产对其他企业产生了一定的干扰，用地的集约化程度不高，建筑密度和容积率偏低。

第二阶段，资金、技术密集型工业增多，从业人数迅速增长，生产用地随着用地开发的分散出现片区化的快速扩张阶段（90年代中后期）。

90年代初期以后，随着外资大规模进入国内，开发区引进的企业从规模、层次、技术水平等方面都有了很大的提高。区内工业生产向产业化、规模化的方向转变，大型跨国公司开始进驻，企业的平均投资规模逐渐增大，形成了几个产业群，工业类型从劳动密集型向资金、技术密集型转变，重工业的比重逐渐加大。到1992年，原有9.6平方公里的西区土地基本开发完毕，开发区开始拓展新的用地空间。随后的几年，分别开辟和合并了几个工业片区：东区、永和区、科学城，它们各自独立进行基础设施建设、招商引资和土地开发（见表4-1）。

随着区内生产用地的迅速扩张和企业大规模进驻，工业从业人数也迅速增长。由于开发区初期对未来的用地预测不足，没有完整连片的土地供开发区不断扩张，导致了其呈分散状的空间拓展，基础设施和招商引资的项目都自成一体，

表4-1 广州开发区各片区生产建设情况

片区	始建年份	生产建设情况
西区	1985	开发最早、发展最为成熟，企业以市场导向型的消费品生产企业居多，行业种类多，食品、饮料、精细化工、金属制品是优势行业
东区	1992	资金密集型的重工业比重较大，已引进了一批汽车、金属、机械等外资龙头企业，形成了一定的产业集群
永和区	1993	园区产业结构比较复杂，食品、饮料、金属制造、机械、家用电器都具备，相当部分是加工型的劳动密集型企业
科学城	1998	处于初创阶段，一批医药生产、电子等高新科技企业和科研中心已经进驻园区

没有统一的规划布局，土地的开发处于一种无序状态。布局的分散，基础设施的不衔接，功能设置的不合理，为以后工业片区的整合带来一定的困难。

第三阶段，产业逐渐集群化、规模化，高新技术的企业逐渐增多，工业用地集约化程度不断提高的优化发展阶段（2001年以后）。

经过前一阶段工业生产的高速增长，21世纪以来，开发区工业增长的速度趋于缓和，工业发展势头良好。这一时期大中型企业的作用日益突出，支柱产业的地位进一步增强，产业结构不断优化，劳动密集型行业不断被淘汰，而附加值高的资本、技术密集型产业加速成长，高新技术企业发展迅速。大量跨国公司入驻，促进了开发区整体产业结构的转换，形成了化工、电子、食品饮料、机械制造、金属、交通运输设备制造等支撑经济高速发展的支柱产业，并带动了一系列产业集群的形成。

广州开发区的各片区不断完善基础设施和公共服务设施，加大招商引资的力度，加快土地开发。2003年11月白云区萝岗镇、黄陂农工商公司、岭头农工商公司和天河区玉树村以及黄埔区笔岗村划归广州开发区管辖，东区、永和经济区、科学城连成一片，开发区总面积达214平方公里，开发区通过编制新的总体规划，整合已有的几个工业片区，调整原有的用地布局，统一进行基础设施和公共服务设施的布局安排，考虑工业布局的协作性和工业小区化的土地开发，完善区域的整体环境。随着用地功能布局的优化调整及开发区对工业项目选址和建设的规划控制力度的加强，工业用地的集约化程度进一步得到提高，工业生产环境也因一批环境保护设施的建成使用而改善。

2011 年中新知识城的建设为开发区转型升级提供了新的空间载体，知识城聚焦战略性新兴产业，重点发展新一代信息技术、数字经济、生物医药、总部服务、新能源、新材料、高端装备制造等产业，构建多元化的生活、生产服务体系，提供网络化优质服务。知识城结合不同类型功能的产业圈，构建服务、研发、生产为主导的产业服务中心。

2005 年广州以开发区为依托成立萝岗区，2015 年将萝岗区和黄埔区合并成立新的黄埔区，这两次行政区划的调整为开发区与周边区域融合发展、带动地区的城市化提供了基础。开发区可以在更大的空间范围内进行产业布局和空间优化，集约利用土地，针对不同的园区采取差异化的政策，实现产业升级、置换和用地更新。

（2）生活服务功能和空间布局的演变过程与特征。

生活服务功能是一个城市最基本的职能，开发区内居住、商业等生活服务功能的逐渐完善就是开发区从单纯的工业区向拥有综合性功能的新城区发展的过程。随着基础设施的不断完善、从业人员的不断增加、住房和生活服务设施的需求增强，开发区内的服务功能开始逐步完善，但它的开发比工业生产要晚。伴随着工业生产规模的不断扩大和土地的不断开发，它的发展也大致经历了两个阶段：

第一阶段，小规模住宅为主、商业等功能不完善的开发阶段（20 世纪 90 年代中期以前）。

开发区内早期土地开发以工业为主，配套的服务设施建设滞后。区内住宅建设多是工人宿舍和多层普通住宅，规模偏小，类型单一，基础设施较不完善，以单位集体宿舍和出租房为主，主要满足工业区内工人的居住需求。商业设施仅限于临街的店铺，层次低，数量少，规模小。这一时期，从业人口的流动性强，未形成稳定的消费需求。由于需求不足，导致西区规划中的居住和商业用地改做了工业用地，居住、商业等服务设施总体上等级低，规模小，数量少，功能不全。

第二阶段，大型房地产公司进驻，住宅、公建设施逐渐增多且高等级化，有出现新城市中心区综合功能的趋势的阶段（20 世纪 90 年代中期到 2005 年）。

随着开发区向东区、永和区、科学城的空间推进，工业项目的不断增多带来了工人、工厂企业等相关的管理人员的逐渐增多，对住房、商业及相关的公共服务设施的需求增多，对生活质量的要求也越来越高，开发区内的住宅、商业设施、公共项目等也迅速增多。20 世纪 90 年代中期以来，开发区开发的住宅面积比前一阶段有了明显增加，商业、娱乐、体育、教育、医疗等服务功能日益完善。随着开发区功能定位的转变以及行政区划的调整，开发区在新的区域内开展了新一轮的概念规划和总体规划，筹划在 214 平方公里的区域范围内建立新的城市综合生活服务中心，形成整个广州东部的新城市中心。因此，区内的各项住宅、公建设施开始高标准、高等级化，成规模的商品住宅小区逐渐增多，各项服务设施日益完善，开发区正逐步向具有综合功能的新城区转变。

第三阶段，现代服务业快速发展，不同类型的城市中心和大型居住片区开始形成，大型城市综合体不断出现，环境空间品质不断提升的阶段（2005 年以来）。

随着行政区划的调整，萝岗区利用丰富的土地资源和优越的生态环境快速发展，各种服务设施逐步完善，定位发展为现代制造业与高新技术产业基地、创新基地，发达的现代服务产业与适宜居住的城市居住生活区，形成了明显的城市功能板块，着力打造山水生态新城。2006 年的萝岗区规划提出要形成"一城（萝岗中心城区）、七区（包括科学城、东区、西区、永和、黄陂、镇龙镇、九佛镇发展区）"的空间结构布局；城区规划形成"三心（水西南行政体育中心、元贝高尚休闲商业中心、萝岗文教商业中心）、五片（岭头居住片区、元贝居住片区、二环西居住片区、萝岗西居住片区、萝岗东居住片区）"的空间结构布局。特别是 2015 年新的黄埔区成立以来，北部的知识城板块快速建设，南部板块不断进行产业升级、土地置换和旧城更新，多条地铁线路的建设使得该区交通条件不断改善，产业园区和城市功能不断融合发展，多家大型商业综合体开发建设，如萝岗奥园广场、萝岗敏捷广场、萝岗万达广场、大壮国际广场、锐丰中心、汇丽国际、飞晟汇广场等，形成大型综合性城市中心。同时，萝岗森林公园、大型儿童公园、香雪文化旅游区等项目的建设，使得东部地区整体环境品质不断提升。

4.2.3　空间演变趋势

（1）地域空间一体化。

随着地区之间竞争的日益激烈和政策优势的逐渐丧失，开发区为了提高自身的竞争力，保证可持续发展，实现与周边地区联合实现共同发展是现实的需求。广州开发区在发挥自己的体制优势和产业结构优势，通过不断创新形成自己地域特色的同时，在经济上和空间联系上逐步与周边地区相融合，形成一种功能互补、生产协同配合、基础设施共享的地域一体化的发展模式。同时辐射周边地区，带动整个东部地区的健康持续发展与产业升级。2015年成立的新黄埔区，为实现开发区与周边地区的一体化发展提供了有力的保障，使得整个东部地区可以统筹进行产业布局和空间优化。

（2）内部功能综合化。

开发区经济的进一步发展和区域功能布局的调整推动着开发区功能逐步走向综合化。开发区成立之初定位为吸引外资、发展工业的工业生产区。随着其不断成长，为了增强自身的竞争力，完善投资环境，开发区将逐步完善居住、商业、金融、文化、教育、科研等其他城市功能，逐步摆脱单纯工业区的局限，增强自我持续发展的能力。随着开发区向东区、永和区、科学城的空间推进，工业项目的不断增多使得工人、工厂企业等相关的管理人员也逐渐增多，对住房、商业及相关的公共服务设施的需求增多，对生活质量的要求也越来越高，开发区内的住宅、商业设施、公共项目等也迅速增多。区内的各项住宅、公建设施开始高标准、高等级化，大量的商品住宅小区开始兴建，各项服务设施日益完善，大型商业综合体不断出现，各类城市中心逐步形成，开发区正逐步向具有综合功能的新城区转变。

（3）空间布局多样化。

早期开发区用地以单一的工业区为主，配以少量的工人住宅和小规模的配套服务设施。随着开发区的空间不断拓展和功能的转变，各片区都在着手调整用地布局，优化空间结构。开发区通过编制新的总体规划，整合已有的几个工业片区，调整原有的用地布局，统一进行基础设施和公共服务设施的布局安排，考虑工业布局的协作性和工业小区化的土地开发，并选择萝岗作为中心城区重点完善服务功能。中心城区一批高水平、高等级的大型公共设施的开发，促进了开发区服务功能由仅面向开发区而提升到服务于广州整个东部地区，甚至部分承担了广州市的功能，从而也带动开发区向空间布局多样化方向发展。

（4）空间环境内涵化。

开发区由于特殊的开发方式和开发政策，导致了其封闭的生产、生活环境，造成其空间扩展在发展前期多表现为低水平外延扩展，社区建设也处于极不发育状态。随着广州开发区经济的发展、功能的完善，以及与周边地域空间联系的加强，城区内涵正不断得到提高。近年来，广州市政府大力实施"青山绿地"和"蓝天碧水"工程，新增和改造大量绿地，整治河流，不断改善生态环境质量。

同时，积极营造社区文化氛围，着手建立开发区的景观标识系统，完善区域的整体环境，提升东部板块，建设东部新城。同时，随着创新驱动战略的实施，中新知识城园区着力于高新技术产业发展和创新产业集聚，建设高标准高品质的配套服务设施，推动整体环境品质不断提升。

第5章　开发区的空间效应

5.1　开发区对城市空间重构的影响

开发区的设置和发展是中国城市外向扩展的主要标志，开发区在政府政策、跨国公司、市场、科技创新和社会文化等各种作用力的综合推进下，在城市内部的需求与支撑、开发区的极化与扩散、投资主体的方向选择等机制的影响过程中，对城市空间的规模扩张和功能扩散发挥越来越重要的作用，并逐渐成为城市、区域和全国范围内的经济增长中心。

开发区成长的各个阶段对城市社会、经济、空间各个方面的影响效应，最终都将外部化地表现为城市空间重构。与一般情况下城市空间结构自发渐变方式不同，开发区建设引发的城市空间重构具有整体性、计划性、高效性特点。而"对于高速发展的经济来说，城市的空间结构和发展模式在很大程度上是可以选择的，这是常态经济所无法做到的"。以高速著称的开发区建设事实上为城市提供了难得的大规模高效率、高水平地调整城市空间结构、调整城市空间发展模式的机遇，而在不少地区则顺势发展成为轰轰烈烈的"造城"运动。开发区一般布局在大中城市的边缘地带，土地开发规模大，建设进度快。开发区伴随着空间开发、经济要素重组、人口聚集流动、土地利用变化、与城市的相互作用等过程，对所在城市和地区经济、社会、实体空间的演化都具有强烈的催化、带动效应。

5.1.1　开发区与城市的空间增长及空间形态演变

为了满足国际资本对投资区位的一般要求：廉价的劳动力，成片出让的廉价土地，足够便捷的交通、通信条件，必要的法律、金融、服务能力，封闭或半封闭式管理、良好的生态环境等，使得开发区既不适于挤在城市的内部，又不适于放在小城镇或偏远农村，而最适于布局在大中城市的边缘地带，这里既能利用大城市的便利，又有足够多的廉价土地。在各级政府的大力支持下，在各项优惠政策的吸引鼓励下，开发区土地开发与空间建设具有速度快、规模大、规格高的显著特点。这一过程最直接或者说最"可视化"的效应就是触发城市空间的快速扩张、城市形态结构的显著演变、并且创建出崭新的城市化空间。上海、天津、青岛、苏州、昆山等地由于开发区建设而在很短时间内城市用地规模增长一倍甚至数倍的例子屡见不鲜。

开发区建设带动下的城市空间快速扩张，不仅为安置容纳新增和外来经济活动提供了场所，也为疏解老城区过密的人口及过重的功能负荷提供了可能性，还促进了边缘区的城市化进程，更重要的是为大规模调整和优化城市形态与结构、实现城市空间增长方式的转型、促进城市与区域一体化进程创造了机遇：开发区大规模、高规格的基础设施建设首先为城市新一轮的空间增长提供了基础平台；开发区与经济增长同样高速的空间增长往往能够根本性地改变我国大多数城市团块状的传统形态，牵引城市空间生长轴线的方向转移，或迅速生长出新的放射状"触角"，带动城市空间演变由圈层式蔓延转向点—轴—带式辐散，从而实现城市空间增长模式的跃变；离母城距离相对较远的一些开发区往往发育成卫星城或成为与母城平行的新城，从而使城市空间结构由单中心型向双中心或多中心型演变；而且在时代思潮影响下，开发区空间设计和规划的理念与方法与旧城都有了鲜明的差异，从而营造出一片有别于老城的新型城市环境。

5.1.2　开发区与城市产业结构调整及产业空间重组

开发区带动下的城市空间增长与空间形态演变只是开发区发展的外在表象，其内在的根本性动力来自开发区经济活动的集聚与增长。从经济学角度来看，某类开发区的发展过程就是某类特定性质（如外贸出口企业）或特定技术（如信息技术）产业及其相关的上、下游产业在某个享有优惠扶持政策的特定区域聚集、增殖的过程。开发区类型的不同，或者说所优惠、扶持、优先发展的产业类型不同，势必会导致不同类型的产业分别在不同的区域或不同的城市区段聚集，从而产生经济活动的空间重组，并在这一过程中实现经济结构的转型。

开发区的发展会带来城市产业的空间重构，促进城市产业新的扩散与集聚，开发区带动下的城市产业空间重组具体表现为：在开发区优惠政策诱导激发下，开发区成为投资与企业聚集速度最快的区域；开发区是外资及其他非公有制经济最为集中的区域；开发区作为新兴产业的孵化基地，而成为城市当中新型产业最集聚的地点；开发区开发主题差异及入区条件限制对于产业类型的组合、分选效应及对不同产业空间分离化的导向效应；开发区对城市外迁产业的接纳能力，从而与城市中心区"退二进三"及整个城市产业布局调整的协调联动效应等。开发区产业在城市经济中的"高位势"特征和"引擎"作用，决定了开发区的布局与发展的任何动态都直接关系到城市产业空间的调整与演化。开发区的产业空间的调整和重构，也必然会对城市的居住和社会空间产生深远影响。

5.1.3 开发区与城市人口、社会空间重构

开发区带动经济结构与产业空间调整的结果势必引发城市就业结构及其空间分布的变化。工作地点的转移、居住和工作空间关系的变化、对配套服务业的需求以及开发区内住宅开发建设等因素，会引发区内人口数量与结构的变化、区内外的人口流动以及人口分布的变化。在开发区内，一方面大量的蓝领工人增多，有些开发区也兴建了大量的蓝领公寓，有些工厂内部配建工人宿舍；另一方面工厂的中层管理人员和企业主等也不断增多，特别是后期随着高新技术产业的发展和大型工厂企业的建设，带来了一批高学历、技术和管理水平高的专家群体的入驻，这类人大多购买力高，他们对开发区的居住条件和生活环境提出了更高的要求。不少高级公寓、花园别墅项目开始出现，在开发区内形成了由白领阶层和中上富裕人群为主体的高档社区。开发区整体上也开始重视对基础设施、生态环境和配套生活设施的建设和完善。开发区内聚集的高收入人群大多为主城区外迁居民，促进了城市的郊区化和基于收入差异的城市居民居住的空间分化。开发区内人口的集聚，最终形成了开发区人口和社会空间的重构。

5.1.4 开发区与城市非开发区区段的功能分化与整合

开发区建设发展所催化、引发的城市新区建成，经济活动的空间重组、人口的迁移流动及社会的阶层分化与空间隔离化，也影响和改变着城市各个区段之间

的关系，从而带动城市地域功能的分化演替，最终改变城市功能格局及城市整体的地域结构特征。对于老城中心来说，开发区内高级商务活动的不断聚集，可能会拉动城市中心商务区与中心商业区的分化，引起 CBD 结构与功能的变化；开发区内大型零售业的崛起、城市次级核心的成长发育，一方面会促使城市结构向多核模式转化，另一方面也会对老城核心产生竞争与挑战，使老城中心开始面临着不进则退的严峻挑战。在开发区与老城区临近的"边界线"一带，会围绕开发区的需求而产生土地和房屋利用功能的转变，出现明显的空间侵入与演替过程，导致城市微观结构强烈演化。而新产业区在优惠性政策扶持下的高速发展，会使城市原有旧工业区在一定阶段内处境格外艰难，两者之间的位势差和不均衡态势会有所扩大，两者之间的落差不仅仅涉及空间景观上的，形成新、旧区迥异的面貌，开发区也会通过对城市外围组团、小城镇的激活、引导效应，而带动城市外围空间的功能分化与整合。

5.2　广州开发区的空间效应

开发区的建立和发展，触发城市快速扩张，会带来所在城市形态结构的快速演进，并创建出崭新的城市化空间。广州开发区建立以来，经济总量不断增强，地域范围也从"点"发展到"面"，对广州的城市空间拓展和地域结构产生了显著影响。

开发区的发展壮大，对广州市的影响除了经济上的，也表现在空间上。开发区成为了广州工业制造业的载体，也为广州市空间结构的调整创造了契机，对城市的空间拓展、地域结构都产生了很大的影响，下文主要就广州开发区所产生的空间效应展开论述。开发区对广州城市空间结构的影响最初和最直接的都是表现在开发区的周边相邻区域，因此展开论述之前，有必要交代一下开发区外部的地域结构的特征。

5.2.1　开发区外部的地域结构特征

开发区的外部地域功能与空间是指开发区在发展的过程中，与其所在地域其他相邻的城市（区）共同组成的新的功能与空间体系。这里开发区外部地域指的是与开发区联系比较密切的老黄埔区、天河区东部、白云区东部、增城的永和新塘等地①，由于缺乏具体的数据支撑，这里的范围就是一个模糊的功能区的范围，从产业、人口等方面的联系来确定。与广州发展战略中常提的东部地区、东部板块除去开发区以外的部分相当，后文中就借助于"东部地区"这个概念指开发区的外部地域。这个地域是开发区发展所依托的区域环境，并且随着开发区的发展，它对该区域产生的影响越来越大，并引起了该地区的地域结构的显著变化。

（1）区域交通网络。

区域基础设施，特别是交通基础设施是地区人流、物流的载体，是产业发展的基础条件，更对城市的空间拓展方向起着重要的引导作用。土地的利用、功能分区、工业区居住区等的布局，都与城市的交通联系密切。开发区带动外部空间的地域演变最早也是通过交通网络的演变来实现的。因此下文先阐述东部地区交通网络的演变及特征。

广州的东部地区，是广州城市发展"东进"战略的重点，同时也是连接香港特区、深圳与广州的重要通道。由于珠三角的东翼相对比较发达，交通网络密集，因此开发区所在的东部地区本身就拥有便利的对外交通条件，这也是开发区重要的优势之一。该地区的交通干线密集，环城高速和东二环高速公路连接了多条广州城区向外的辐射线，如京珠高速公路、广深高速、广惠高速、广河高速和广汕公路、广深公路、广园东路、罗南路、长岭路以及永顺大道等城市的快速路系统，黄埔大道、中山大道这两条广州市东西向最主要的干道均与东部的高速路网联结，此外还有广深铁路联系广州与深圳，构成了四通八达的交通路网。因此开发区的外部交通条件良好，有公路、铁路、港口等交通方式对外联系，广深高速、广惠高速、广河高速、广园快速路和广九铁路等都通过区内，黄埔新港也位于开发区内，且有港口铁路专用线与广九铁路相连（见表5-1）。

随着东部地区发展定位为广州综合制造业基地、高新技术开发和生产中心、海陆联运交通枢纽与物流基地、发达的现代服务产业区、适宜的城市居住生活区，东部的交通条件将会进一步改善，目标是依托港口、铁路、高快速路、轨道交通，形成珠江口海陆联运枢纽，发展成具备高效率的跨区域交通运转的组织与换乘节点，形成发达的对外、对内综合交通体系。

① 2015年黄埔区和萝岗区合并成立新的黄埔区，但为了更好地厘清开发区建立以来与周边区域的关系，此处的外部地域按照行政区划调整以前来分析。

表 5 - 1 东部地区对外交通线路

交通方式	对外交通线路
公路	广深高速、广惠高速、广河高速、广园快速路、广深公路、广汕公路
铁路	广九铁路
港口	黄埔新港

对于开发区的内部交通来说，由于之前该地区位于广州的郊区，村镇比较多，基础设施建设与城市不能衔接，导致其内部的交通条件较差。前期作为园区开发的西区、东区、科学城等地，遵循着高标准的基础设施建设的原则进行开发，而 2003 年以后并入的萝岗等地基础设施条件欠佳。总体来看，开发区内的道路在不断地完善。1991～2000 年，开发区新建成道路 60 条，其中西区 24 条，东区 29 条，永和区 7 条，总长度 51.6 公里；新建成桥梁 2 座，即联系西区和珠江钢厂的墩头涌大桥以及区内横跨永和河、连接永顺大道和民兵路的湾尾桥；还修建了永和隧道，改善了永和片区的对外交通条件。位于北部的知识城片区从 2010 年开始建设，进行高标准的路网等基础设施建设，为先进制造业和高端服务业发展提供载体。总体来说，开发区内的路网密度疏密结合、东西方向比南北方向高等级路较多，与城镇空间拓展方向基本一致。围绕各片小区各自形成了一个相对较为独立的局域路网，科学城、东区两个片区的路网已经连接为一体，西区和永和明显各自形成了一个相对较为独立的局域路网。随着行政区划的调整带来的开发区区域范围扩大，区内的路网结构也必将会得到调整和完善，除了各片区内部道路的改善之外，片区之间道路的连接、道路等级的提高等问题会逐步得到解决，地铁线路快速增多，特别是北部知识城的建设，加速实现了南北向城市快速路、干路的建设，知识城与机场、广州南站、广州市区、区内其他组团都将实现方便的联系，这也会强化广深科技创新走廊中广州板块相关核心和节点之间的联动，有助于打造粤港澳大湾区和广深科技创新走廊"引力地带"。

（2）外部地域功能与结构。

1）外部地域城市化功能的发展。开发区的建立与发展壮大，有力地促进了周边地域城市化功能的发展，具体表现在几个方面：

第一，东部地区产业活动变化显著。增城的南部地区由于与开发区临近，工业、服务业等与开发区的关联性很大，特别是新塘，它的工业门类与开发区辐射和带动作用有关，开发区很多人愿意选择在新塘购房和进行娱乐等消费活动。增城的永和由于开发有永和工业园，通常被作为广州的东部政策区，跟开发区的关系密切。

老黄埔区历来是广州的工业大区，占整个广州工业总产值的 1/4，拥有石化、造船等几个工业门类，形成了几个工业小区，这些小区的很多产业都处在开发区内相关产业的产业链上，关联性大。

天河区是广州为了扩展空间开发的新城市中心，它的高新技术产业比较发达，高校和科研院所密集。广州的高新区实行的是多个园区的管理模式，空间分布比较分散，但大多数都分布在天河区，依托高校和科研院所得到发展。原属高新区的科学城在 1998 年与开发区其他片区一起共同开发，使得开发区与高新区的联系增多，也开始依托天河区众多的高校和科研院所发展高新技术产业。

第二，东部地域城市化水平得到提高。由于工业项目的发展，东部地区的很多农业人口转变为产业工人，同时还吸引了大量的外地打工人员。人口的增多以及消费力的提高带旺了商业、娱乐等消费活动，也为更多的人提供了就业机会。

2）区域交通网络对外部地域结构的影响。城市对外交通线路及设施用地及延伸方向是市区土地利用向外围延伸的先导，它的伸展方向也就成了城市用地扩展的最先方向，并使交通线路两侧及设施附近地区成为市区的延展部分。对外交通线路往往会影响城市主伸展轴方向，对城市扩展产生导向作用。同时区域交通网络的不断发展和完善，使得沿线空地、荒地及产出效益不高的用地转变为环境优良产出高的房地产、商业等用地，形成了新的地域空间结构和空间拓展轴。

交通可达性对城市与区域空间形态演化起着决定作用。由于交通沿线具有潜在的高经济性，城市空间发展通常表现出明显的沿交通线定向推进的特征。因此，开发区内外部交通条件的明显改善，会影响到整个区域的城市空间布局调整，一方面可以促使开发区空间的集约化发展和城市功能布局的合理化；另一方面使得开发区与周边相邻城区之间的社会、经济、空间联系得到加强，进而对它们的空间拓展会产生明显的引导作用。区域交通网络对外部地域空间的影响主要有以下三个方面：①引导地域城市化空间的有序发展和合理地域空间结构的形成；②为周边居民提供了更多的工作、生活方式选择的可能性，方便了居民的流动；③为东部地域城市功能的优化调整创造了条件。

5.2.2 对广州城市拓展的影响

城市用地扩展，其原动力是城市职能的发展与调整，当一种职能需要在空间上扩大时，城市用地就开始扩展，这种扩展可能是沿平面实现的，也可能是立体的。城市空间的拓展过程是城市中心区、市区以及郊区边缘地区城市化过程在空间布局上的具体表现，是一个"打破平衡、恢复平衡、再打破平衡"的动态过程，具有一定的规律性。由于城市空间拓展的阶段性特点，城市空间也相应地在不同发展阶段表现出不同的扩展方式：单核同心扩展模式、轴向生长的带状扩展模式、多极核生长的扩展模式、大城市圈扩展模式（邢海峰，2004）。

经济活动在开发区的集聚，必然引起城市空间结构的变化。由于开发区布局在大中城市的边缘地带，利用优惠政策，土地开发规模大，建设进度快，最直接的效应就是触发城市快速扩张，会带来所在城市形态结构的快速演变，并且创建出崭新的城市化空间，促进边缘区城市化进程。在那些开发区发展成效显著的城市，传统的团块状城市空间形态发生了根本性的变化，形成了新空间生长点。我国开发区与城市空间结构的演变大致有三种类型：①双核状，这种结构的形成多是开发区在选址时远离市区，并且随着经济的活跃功能逐渐完善且向综合性的新城区发展。天津、大连等属于这种类型。②连片带状，这种类型的城市开发区与原有中心城区距离较近，最后随着经济的发展和空间范围的扩展，逐步与城区形成一体，代表性的有苏州、重庆等。③多极触角式，这种开发区多位于近郊，并呈现出多区位特征，从而促进城区结构的扩散，在空间上形成多极触角式向外延伸的形态，典型的是北京、成都等（张晓平，2003）。总的来说，开发区的出现成为推动城市从圈层式组织方式向网络化结构转型的重要力量。

广州开发区从建立到现在经历了 30 多年的时间，对广州的城市空间结构和空间拓展产生了显著的影响。下文主要从空间拓展方式、拓展方向等几个方面阐述它的影响。

（1）对城市空间拓展方式的影响——连片式到跳跃式。

顾朝林（2000）等认为，目前我国大城市工业化比较发达，经济发展已由当初的集聚增长转向了空间扩散，大城市的空间扩展有两大趋势：一是城市由同心圆环状向外扩展模式转变为轴向扩展模式；二是城市由单中心发展模式向多中心发展模式转变。前者主要是沿着城市对外交通干线等基础设施轴线发展，形成工业走廊、居住走廊或者综合走廊等城市发展轴线，后者则具体表现在卫星城建设、开发区建设及城市郊区化等。因此可以说，开发区的出现和发展带动了城市的发展模式从单中心向多中心的模式转变，也使城市的空间拓展方式从连片式向跳跃式转变。

传统的城市空间拓展方式都是摊大饼式的从城市中心向外围层层推进，连片式地增加城市的建设用地，使城市的规模不断扩大。随着我国经济发展受全球化的影响日益加大，城市化进程加快，城市规模在急剧扩大，城市的空间结构相应地也在不断调整，除了传统的渐进式的向外连片扩张外，在距离城市一定距离的外围开辟出单独的工业区或者居民点，实现跳跃式的空间拓展成了城市空间规模迅速扩张的重要方面，而开发区就是实现城市空间跳跃式拓展的最重要的载体。

在广州的城市空间扩展中，在中华人民共和国成立以前一直发展缓慢。中华人民共和国成立以后，随着近代工业的发展，城市的工业从老城区的零星分布到成点状地向郊区转移，继而带动其他的产业和社会功能的向外转移，城市的空间一直是渐进式连片式地向外扩张的。直到 1978 年改革开放以后，主要是 80 年代初经济技术开发区的设立，带动了一大批工业园区的建立，城市空间形态实现了跨越式的拓展。

利用黄埔港口的优势条件，在黄埔区东南角开辟了广州经济技术开发区，吸引外资打造广州的制造业基地。开发区从作为城市的一块飞地而建立，到现在已经与城区连为一体，显示出广州城市空间扩张的速度之快。

2000 年以后，番禺、花都进行了撤市设区的行政区划调整。在广州经济高速增长和快速城市化的机遇背景下，城市开始采取跨越式的发展，在新的地域空间上调整城市结构和空间布局，实施"南拓、北优、东联、西进"，采用有机疏散、开辟新区、拉开建设的措施，力争优化结构、保护名城，形成具有岭南特色的城市形象。广州市未来城市空间结构以山、城、田、海的自然格局为基础，沿珠江水系发展的多中心、组团式网络型的城市结构。按照广州城市目前的发展态势，已经形成了南拓轴和东进轴，东向和南向是其空间拓展的两个主要方向，在老城区—天河—黄埔—开发区—新塘一线的东拓轴上，在开发区带动下已经形成了广州重要的制造业基地，构成了东部大组团，打造出了广州市的东部板块。

（2）对广州城市空间拓展方向的影响。

在计划经济时代，我国采取的是重工业优先的发展战略，城市建设和维护所需的资金主要来自 5% 的工商利润和城市维护费，资金缺口很大，因此城市的空间扩展速度很慢。广州也是如此，初期城市空间增长较慢，向外的扩张主要是由工业用地斑块状的外拓，建设用地沿交通线路和河流发展。改革开放以后，城市土地制度改革、住房制度改革等一系列改革和城市投资主体的多元化，使得城市的扩张速度增快，城市开始呈现出组团状、多中心和跨越式的发展，城市形态也从内聚的团块状演变为分散组团状、带状和网络状等。

关于广州城市形态的演变和阶段划分，章云泉（2000）将广州市城市形态划分为四个发展阶段，触角期（1950～1959 年）、分散组团期（1960～1969 年）、轴向发展期（1970～1989 年）和带形发展期（1990 年后）。广州市城市规划勘测设计研究院在 2000 年编制的《广州城市建设总体战略概念规划纲要》中将广州城市空间演化分为轮形团块期（50 年代以前）、触角期（50 年代末）、分散组团式（50～60 年代）、轴向发展时期（60～70 年代）、带状发展期（1978～1992 年）和新的触角期（1992 年以后）六个阶段。

2000 年，广州市将所辖的番禺、花都撤市设区，广州市的行政区域范围骤然增大，新的空间呼吁新的空间布局和功能结构。在《广州市概念规划》制定后，按照"南拓、北优、东联、西进"的部署，广州市的城市形态开始重点向南部拓展，并形成几大组团，形成网络式的发展模式。

广州城市形态演变从 20 世纪五六十年代开始大致为团块状—触角期—组团状—带状发展期—新的触角期。触角期是沿城市的主要对外交通干线、珠江河道布置工业点的这一时期；组团状为天河地区和黄埔、开发地区壮大之后形成的组团结构，这一时期开发区作为一个块状的工业形态，构成了其中的组团之一，并且逐渐壮大；在随后的带状发展期，即在东部组团的带动下，城市发展向东带状发展，使工业都向东部转移和推进；在此后的城市发展方向的确定中，曾经有过北向发展的战略，2000 年以后的概念规划中借行政区划调整之际确定停止向北转而向南发展，但在这个过程中，东向的发展方向一直没有变化。

对比广州市 1982 年和 2001 年的土地利用情况可知，广州市建成区的扩张主要表现在沿珠江沿线的地区，旧城区的南部和北部都没有太大的发展，其空间形态基本上呈现出沿珠江由西向东带状发展的特点。

随着广州开发区本身的规模和实力不断壮大，周围地区在它的带动下更是快速发展，甚至已经辐射到了行政区划界线以外的增城南部地区。21 世纪以来，广州市政府也提出要打造生态型的综合性的东部工业新城。可见，广州开发区建立以来，就一直引导着城市空间拓展的方向，引导着城市向东发展。另外，从城市规划的角度看城市的扩展，开发区的东向引导也显而易见。

城市规划是基于城市发展的基础，对城市的功能、空间等方面的安排和布局，对于引导控制城市的发展具有重要作用。特别是随着计划经济向社会主义市场经济的转型，城市规划越来越成为政府的一项重要的公共政策和公共职能，其影响力越来越大，透过城市规划，也可以看出城市发展的轨迹和思路。

中华人民共和国成立以来，广州共进行了 8 轮城市总体规划的编制工作，先后提出了 16 个规划方案和一个概念规划方案。

1954 年广州开始首轮总体规划编制工作，提出了 4 个方案，在空间布局上保留原市中心，规划在芳村、海珠区和黄埔等地建设新二级中心，城市主要向东、向南发展，确定东西向交通大致与珠江走向平行；1955 年压缩人口及规划指标进行第二轮总体规划，维持城市向东发展的形式，并把新市中心东移至梅花村以北地区；1956 年进行了第三轮总体规划编制，确定城市性质为"以轻工业为主，交通运输业、商业占一定比重的城市"，增加了商业和交通运输的职能；1959 ~ 1961 年进行了第四轮总体规划编制，城市性质向工业城市转变，并确定了"分散组团式"的空间布局，城市形成了"三团"（旧城组团、天河的石牌员村组团和黄埔组团）、"两线"（广从、广花道路沿线）的空间格局。该总体规划基本得到实施，也奠定了以后广州城市发展的基础。总之，"一五"计划期间的总体规划的指导思想多是压缩城市人口和用地规模，在一定程度上限制了城市地域向外扩张。"二五"计划期间这种情形有所改变，开始向组团式的城市格局演变。

1984 年，广州的第五轮总体规划最终确定了第 14 个城市规划方案。该方案根据广州市地理特点及已经形成的建设布局，确定城市的主要发展方向是沿珠江向东至黄埔发展，规划采用带状组团式的布局。旧城区为第一组团，是城市的中心区；第二组团为天河地区；第三组团为黄埔地区，结合广州经济技术开发区的建设，大力发展工业、港口、仓库等设施。同时明确了三个组团的分工，减少了工业用地，重新确定了市内各区行政界限，为城市规划确定的要求发展提供了保障。这版规划是中华人民共和国成立以来广州第一个较全面、系统、完善的且实施时间最长的方案。

20 世纪 90 年代初，广州市开始了第六轮编制工作，对 1984 年的规划方案进行了调整、充实和深化，重新确定了城市发展方向，城市用地向东、南两个方向发展为主并考虑向北发展，采用多组团半网络式空间布局，整个城市由中心大组团、东翼大组团和北翼大组团组成。广州 1991 年规划示意图如图 5 - 1 所示。

在整个 20 世纪 80 年代后期到 90 年代末，广州城市用地是向北、向东两个方向发展，用地形态形成了以旧城区为核心，向北、向东延伸的"L"形。

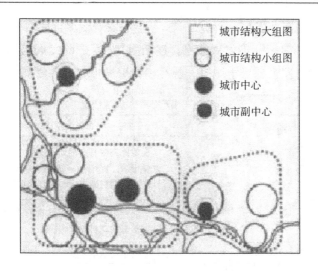

图 5 - 1　广州 1991 年规划示意图

资料来源：李振，周春山，张静静. 广州城市发展与规划 [J]. 规划师，2004（3）：72.

2000 年，番禺和花都撤市设区，行政区划的调整扩大了广州市的地域范围，广州市政府以此为契机编制了《广州市城市总体发展概念规划》，确定了"南拓、北优、东进、西联"的空间发展战略，"东进"就是以广州珠江新城和天河中央商务区的建设拉动城市发展重心向东拓展，依托广州经济技术开发和广州科学城，将旧城区的传统产业向黄埔—新塘一线集中迁移，重整东翼产业组团，利用港口条件，在东翼大组团形成密集的产业发展带。除了向东发展的方向不变外，开始逐步向南拓展。以此为基础，广州制定了 2001 年版的《广州市城市总体规划》，提出在继续实施"南拓、北优、东进、西联、中调"的基础上，促进城市空间发展从拓展增长走向优化提升，形成"一个都会区、两个新城区、三个副中心"的多中心网络型城市空间结构。而两个新城区指的是南沙滨海新城和东部山水新城，是带动率先转型升级的两个战略性新区，要重点完善综合配套，注重提升新城区综合服务功能，实现居住、就业、基本公共服务设施均衡协调及与产业同步发展，吸引人口加快集聚。其"一核三带"的产业布局中其中"一带"即为以开发区为主体的东部产业集聚带。

2018 年，《广州市总体规划（2017 - 2035 年）（草案）》公示，提出构建枢纽型网络城市空间格局，而中新知识城作为外围组团之一，定位为国际科技创新枢纽。

回顾广州历次的总体规划（见表 5 - 2），特别是 1984 年以来的总体规划，城市沿珠江向东发展的态势基本没有变，一直相对稳定且是主导的发展方向，在一段时间内确定了向北发展，形成了"L"形的发展格局，后由于2000年行政区划的调整确定了"南拓"的发展战略，逐渐向"T"形的发展格局转变，从黄埔港口、经济技术开发区到科学城等，都在引导着城市向东部发展。

表5-2 广州历次总体规划情况

年份	总体规划版本	总体空间布局的主要内容	
1954	第一轮	"一五"计划期间相对压缩了指标，抑制了城市的空间扩展	保留原市中心，规划在芳村、海珠区和黄埔等地建设新二级中心，城市主要向东、向南发展，确定东西向交通大致与珠江走向平行
1955	第二轮		压缩相应指标，维持城市向东发展，把新市中心东移至梅花村以北地区
1956	第三轮	—	空间布局基本未变
1961~1963	第四轮		规划"三团"（旧城组团、天河的石牌员村组团和黄埔组团）、"两线"（广从、广花道路沿线）的空间格局，城市空间开始向组团式发展
1984	第五轮（批复）		确定城市的主要发展方向是沿珠江向东至黄埔发展，规划采用带状组团式的布局，分别是旧城组团、天河组团、黄埔组团，这是广州第一个较全面、系统、完善的且实施时间最长的方案
1990	第六轮		城市用地向东、南两个方向发展为主并考虑向北发展，采用多组团半网络式空间布局，整个城市由中心大组团、东翼大组团和北翼大组团组成
2000	概念规划、第七轮总规（批复）		确定"南拓、北优、东进、西联"的空间发展战略
2011	第八轮（批复）		"一个都会区、两个新城区、三个副中心"的多中心网络型城市空间结构

5.2.3 对广州城市地域结构的影响

现阶段我国开发区是改变城市地域结构的重要因素，已经成为城市空间结构调整的主要载体。如大连市以城市建设和产业结构调整为契机，对城市总体规划布局进行了相应的调整，把老市区和正在建设中的新市区作为统一的整体进行规划，开拓进行新一轮的基础设施建设和城市空间扩展。大连市经济技术开发区距老市区27公里，位于规划的新市区范围内，已发展成为大连市新市区的主体和新增工业企业布局的主要空间。苏州市为了保持古城风貌，在老城的东、西向分别规划发展了苏州工业园区和苏州新区，旧城区内则通过"退二进三"实现城市用地功能的置换（钟新基，1993）。

广州开发区也同样在影响城市地域结构、承载新进企业和旧城迁入企业、调整城市空间结构方面发挥重要作用。

（1）形成了新的制造业基地，改变了城市的工业布局。

1）广州工业布局的演化过程。尽管广州近代工业发端较早，但较有规模、现代意义的工业化生产还是在中华人民共和国成立以后开始的。工业的不断发展推动了工业分布格局的演化，广州的工业布局的演化大致经历了以下几个阶段。

第一阶段，20 世纪五六十年代——街区工业在旧城的零散分布和北部、东部、南部、西南部独立工业点建立。

中华人民共和国成立后，广州在传统手工业和近代工业基础上发展起来了一批以旧城居民为主要消费群体的小型工业，零散分散在旧城区内。"一五"（1953～1957 年）计划期间，由于广东不是国家工业建设的重点，工业建设立足于调整和改造。"二五"（1957～1962 年）计划期间，广州开始进入全面推动工业化阶段，在芳村的鹤洞和北郊的江村分别建立了钢铁厂和合金钢厂，形成广州建设工业基地；在东部员村建设两间棉纺厂，初步形成纺织工业小区；在车陂建设了广州氮肥厂和化工厂，形成化工工业集中区；在赤岗、鹭江和黄埔也建设了一些机械工业点。这一时期，工业用地的面积几乎达到 20 平方公里，相当于1957 年市区面积的 2/5，广州已由商业城市向工业城市转变。

第二阶段，六七十年代——自然灾害和政治运动之后，港口发展带动了东部工业地位的凸显，初步形成了三个郊区的工业带，但主要工业仍集中在旧城区。

"三五"计划和"四五"计划期间，由于受"文化大革命"和自然灾害的影响，广州城市发展基本处于停滞状态；一直到 1974 年以后，随着黄埔港的改建和扩建，水陆交通的改善，广州工业逐步东移，新建了黄埔电厂、广州石油化工厂、广州汽车制造厂等大型企业，黄埔区形成新的广州重化工工业区。

到 70 年代末 80 年代初，广州市区外围的工业，初步形成了东、南、北三个工业带，比较来说，市区以东的工业产值和占地为大。

市区以东一带，从远及近，由吉山片、员村片和沙河片组成。吉山片距市区20 公里左右，以石油化工和造船工业为主，具有占地 210.5 公顷的广州石油化工中心和文冲船厂等，规模较大；员村片距市区 10 公里左右，企业沿珠江北岸分布，以化工、轻纺工业为主；沙河片毗邻市区，以电子工业居多。

市区以南一带，包括赤岗和芳村两个片。赤岗片主要是机电工业、轻化工等，主要分布在新港路一带；芳村片有铁路线深入区内，又濒临珠江，为广州重工业较多的地区，有广州钢铁厂、广州造船厂等，重工业占该片用地的81.4%。

市区以北一带，从市区边缘的三元里到距市区17公里的江村，工业类型多样，其中江村、下茅机电工业集中，其余，轻工业较多，企业多沿广花公路和流溪河沿岸分布。由于流溪河是广州供水的主要来源，该区是广州是环境保护的重点，不宜布置污染性工业，因此该区的工业产值较低。

市区以西，为南海区所管辖，为避免两市工业连片，又为珠江所隔，交通不便，供水较难，所以没有工业布置。

东山、越秀、荔湾、海珠区为广州市的市区，市区的工业除了相对集中的南石头工业区外，大多为散布在各区的区街工业，按照1980年的工业产值看，越秀区占37%，荔湾区占35%，海珠区占17%，东山区占11%，可见，工业主要集中在老城区。

总体上来说，这个时期市区是广州的工业密集区（占全市工业户数的55.7%，产值的53.1%，工业职工的53.1%），市区以东、以南、以北都有工业区分布，以组团式、带状式和分散式相结合；黄埔由于石油化工及其配套工程黄埔电厂等企业的建立而突起，已初具广州"子城"的雏形，具有港区与工业区相结合的功能特色；工业沿珠江河道、广深铁路、广从、广汕公路、黄埔大道和新港路等干线或附近分布（吴永铭，1984）。

第三阶段，80年代——旧城区部分污染企业开始外迁，东部经济技术开发区开辟，郊区三个工业带中的南向和东向工业带继续发展。

改革开放以后，广州国民经济迅速发展，城市功能多元化发展，工业布局也出现了新的变化。旧城区的污染严重的企业开始向外搬迁；同时利用港口、铁路优势，选择在黄埔区东部开辟经济技术开发区，利用优惠政策来吸引外资，引进技术和管理，带动工业的发展。

位于郊区的工业区东、南、北三个工业带在原有的基础上继续发展，到20世纪80年代末，旧城区以东有南岗、经济技术开发区、庙头、大田山、吉山、员村和车陂等，工业类型有化工、建材、外向型工业、造船、冶金、石油化工、机电等；以北有沙河、广从公路与沙太公路沿线、夏茅、新市、槎头、石井、江村等，工业类型主要是电子、机电；以南有芳村、鹤洞、江南大道与工业大道南沿线。

与20世纪70年代末80年代初的三个工业带相比，广州的工业带在原有的基础上继续向东、南、西南延伸，且多沿珠江沿岸、铁路线、高速公路、国道等向郊区延伸布局发展。如东部工业带从原来的吉山延伸到南岗和经济技术开发区；南部工业带发展到江南大道和工业大道南；北部因处于水源保护区，没有太多发展。

第四阶段，90 年代以来——土地制度改革加剧了旧城工业的外迁，工业沿珠江和交通干线向城市的东部、南部、西南部集中。

20 世纪 90 年代以后，广州工业化进程进一步加速，土地制度改革实行，城市开始有偿使用土地，土地的级差地租显示出来，广州开展了工业郊迁整治工作，大量的市区工业开始向郊区迁移。在建成区内，工业企业形成了"大工业布局于南、西南、东部，小工业布局于北部和中部"的总体格局。沿珠江后航道及交通干线两侧，在城市南部、西南部、东部集中了 70% 的工业企业用地；同时，广州老城区的工业企业向外搬迁的势头越来越猛。许多企业通过用地置换的方式逐渐搬离面积狭小、污染严重的老城区，向东部地区和周边的县级市转移。建成区各区中，旧城区越秀、东山工业用地较少；荔湾有少量工业用地；海珠、芳村、天河工业分布相对集中；白云区用地最为分散；黄埔区是工业用地最多的地区。工业从老城区迁出并逐渐向外围的南、西南、东部集中成为这一时期的主要发展趋势。

2）开发区对广州工业布局的影响。一是促进广州市工业重心东移，工业分布从分散走向集中。改革开放以前，广州市的工业布局呈现出分散在老城区的街区工业和郊区一些独立工业点相结合，这些工业点大都依托主要的对外交通干线和港口码头、珠江航道发展而来，在广州的东部、南部、西南部、北部等都形成了规模不等的工业点；改革开放以后，在广州市东南角设立的广州经济技术开发区从无到有，由小到大，在东部黄埔区重工业较多的基础上大力发展外向型产业，改变了广州市东部、南部和西南部工业点均衡分布的局面，凸显出东部地区制造业基地的地位，再加上接纳部分老城区搬迁出来的工业企业，形成了实力强大、后劲十足的东部工业板块，改变了城市的工业布局。二是形成了工业集聚中心。20 世纪 70 年代在黄埔港扩建和改建的带动下，建立了黄埔电厂、广州石油化工厂、广州汽车制造厂、文冲船厂等大型企业，使黄埔区形成广州重化工工业区；80 年代末结合港口、铁路等优势条件设立广州经济技术开发区，随后经济技术开发区空间不断拓展，相继开发了科学城、出口加工区、保税区、永和开发区，同时还带动了周边云埔工业区、新塘工业区等的建立；进入 21 世纪广州知识城也在开发区北部选址建立，从而使以开发区为首的东部地区成为广州制造业的基地、新进工业和外迁工业的主要接纳地以及高新技术的创新源、新兴制造业的集聚地。

（2）引导外资集聚，不断辐射影响周边地区，形成经济增长极，并带动周边各类园区的发展，提升了广州的东部板块。

截至 2018 年，广州开发区累计吸引了 100 多个国家和地区的 3400 多家外资企业，其中世界 500 强跨国企业 170 多家，投资额超过 3000 亿美元，是跨国公司在中国投资最密集的区域之一。开发区成为广州在工业领域吸纳外资的集中地，在广州的各区中遥遥领先；同时，在它的示范带动下，周围相继开辟了云埔工业区、新塘加工、官洲生物岛等较大规模的外向型产业区，周边的城镇也开发了大片的工业园区，从而在广州的东南部形成了一个由几十个片区组成的开发区群落，构成了功能互补、设施共享、产学研相结合、大中小企业协作配套、配套服务体系完善的外向型产业集群，并由此继续引导新的经济生长点不断形成。这些数量众多、规模不等的工业集聚区、零散工业点的发展，还带动了交通、仓储、港口码头等相关用地的扩展。同时，开发区通过自己的产业结构优势，与周围地区在产业和空间上产生联系，对周边的辐射带动作用越来越大，形成了广州东部的经济增长极。

在《广州市城市总体规划（2001－2010）》中也提到，近期一个建设重点就是整合、完善天河—黄埔—新塘地区功能，一方面要以广州 21 世纪中央商务区的建设，拉动城市发展重心向东拓展，另一方面要强化制造业基地功能，重整东部各类开发园区（广州经济技术开发区、广州高新技术产业开发区、广州保税区、广州出口加工、广州科学城、广州软件园、广东光谷等）空间布局与功能整合，通过空间布局调整，拓展产业发展空间，带动产业结构升级，形成密集的产业发展带，增强产业的集聚与规模效益，建设配套齐全、综合性的东部新城区。

总之，广州的东部地区在开发区的直接和间接带动下，已经从原来的荒凉偏僻之地蜕变成广州的重要经济增长极，提升为广州的东部板块。20 世纪 50 年代以前，东部地区距市中心 20 公里，按当时的交通工具（以步行，人力、畜力车辆为主）衡量，天河以东与广州市区截然两地，因此当时居住在东部的居民去广州市区，不称"进城"或者"上××街办事"，而是"去广州"。50～60 年代，东部地区作为广州的边缘区建设了近、远郊的工业区，石化总厂、广州氮肥厂、广州冶炼厂、黄埔电厂等大中型企业落户于此，形成了一些重化工工业基地，逐步与广州市区融为同一城市区域，但一直被认为是个荒凉偏僻的工业区。从 80 年代开发区在东部地区选址以来，开发区以高标准的基础设施建设、高速的经济增长、大量入驻的跨国公司、日益改善的地区环境提升了该地的形象，带动了一批各种类别工业园区的建立，交通条件有了很大的改善，多条高速公路从区内经过，仓储和港口码头用地迅速扩展，行政关系上隶属增城市的南部新塘、永和等镇也进入了开发区的辐射范围，很多产业的发展都与开发区关系密切。2000 年以来，随着开发区空间范围的扩大和行政区划的调整，以发展先进制造业和创新型产业为目标的知识城等空间载体建立，区内大型的城市综合体、商业体育等各类城市中心、大型城市公园、文化旅游区等加快建设，区内的环境空间品质加速提升，因此，可以说在开发区带动下的一个强大的东部新城板块正在形成。

（3）改变了广州的地域结构，形成了新的组团格局。

1）从发展格局的角度来看，自从广州经济技术开发区建立以后，随着开发区的经济实力的强大和空间的不断拓展，以开发区为首的工业组团不断发展壮大，成为广州组团结构中重要的一极，成为广州整体地域结构中的重要构成部分，它逐步地改变了广州的地域空间结构，使东部地区凸显出来（见图 5 - 2）。

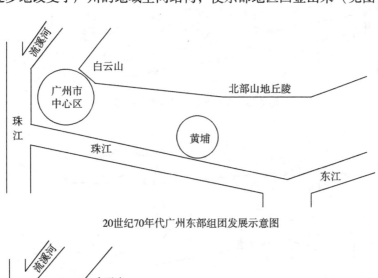

20世纪70年代广州东部组团发展示意图

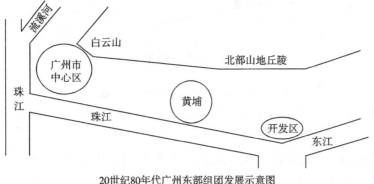

20世纪80年代广州东部组团发展示意图

图 5 - 2　广州东部功能组团演变

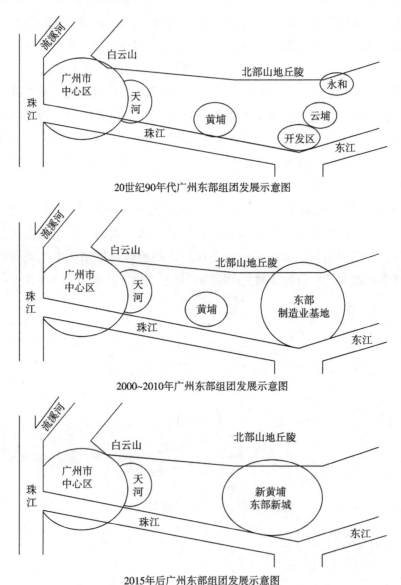

20世纪90年代广州东部组团发展示意图

2000~2010年广州东部组团发展示意图

2015年后广州东部组团发展示意图

图5-2 广州东部功能组团演变（续）

资料来源：《广州东南部地区规划（1995-2010）》，广州城市规划勘测设计研究院编制，1997。

2）从规划的角度来看，20世纪80年代广州的总体规划确定的是城市主要沿珠江北岸向东至黄埔发展，采用带状组团结构，第一组团为旧城区，即城市中心区；第二组团为天河区，以文教、体育和科研单位为主；第三组团为黄埔地区，结合广州经济技术开发区的建设，大力发展工业、港口、仓库等设施。

90 年代初制定的规划中提出了建立以中心区、东翼、北翼三大组团为构架，每个大组团又由几个小组团组成，构成都市多层次组团的空间布局结构。在这个结构中提出城市可以向北发展，但是向东发展以开发区为依托的组团没有改变。

2001 年，在广州的概念规划中除了提出以"两城一区"（广州新城、大学城、南沙经济技术开发区）为依托的"南拓"，"东进"仍然是城市的重点之一，开发区仍然是"东进"的龙头和依托。

《广州城市总体发展战略规划（2010－2020）》提出在空间上，形成"一个都会区、两个新城区、三个副中心"的多中心网络型城市空间结构，两个新城区之一即为东部山水新城，是带动率先转型升级的战略性新区，其重点完善综合配套，注重提升新城区综合服务功能，实现居住、就业、基本公共服务设施均衡协调及与产业同步发展，吸引人口加快集聚。在产业布局方面，形成"一个核心区和三条集聚带"的产业布局结构，具体为中心城区现代服务业核心区、北部产业集聚带、东部产业集聚带和南部产业集聚带。并且根据产业集聚的条件与趋势，在全市构建多个产业单元。每个单元具有较强竞争力的产业核心，围绕产业核心尽可能实现产业与居住的平衡，并有相对完善的生产和生活服务配套，以完善的公共服务配套作为社区组团的"黏合剂"吸引创新型人才的集聚，促进全市和各产业单元竞争力的持续提升。广州开发区处于东翼产业集聚带，是广州未来主要的高新技术产业、先进制造业、现代服务业的集群地，具体产业包括：汽车产业、电子信息产业、精细化工产业、新材料新能源产业、现代物流业、商贸商务、科技研发、IT 软件外包等。在战略规划中，广州开发区是广州东翼产业集聚带的重要组成部分，是未来广州经济空间中的一个重要引擎，起到带动与拉动作用。

2018 年，《广州市总体规划（2017－2035 年）（草案）》，提出构建枢纽型网络城市空间格局，除了将大部分的黄埔区纳入主城区之外，将中新知识城作为外围组团之一，定位为国际科技创新枢纽，成为城市空间布局中的重要节点。

结合几次规划的方案，始终都贯穿着东部的重点发展和东进的发展方向，开发区一直都充当着引导的角色，推动着城市不断向东发展。

3）从人口变迁的角度来看，城市空间结构是人类的各种社会、经济活动在城市地域上的空间反映。由于人口是影响城市空间结构演变最积极、最活跃的因素，与城市人口变化相关的城市化研究也就成为城市科学研究的核心内容之一。

因此，从人口的增长变化可以看出城市空间结构的变迁演化。

通过谢守红、宁越敏①的研究可以看出，在20世纪80年代，广州已经开始出现人口郊区化的趋势，越秀区出现人口的负增长，荔湾、东山以及海珠区西北部人口缓慢增长，而由于工业化的带动，天河、黄埔与海珠区东南部、白云区成为人口增长最快的地区。尤其是在天河区和黄埔区广州经济技术开发区，街道总人口增长率超过10%。20世纪90年代以后，在开发区示范和集聚效应带动下，东部地区已经形成了功能综合、相互依赖的产业集中区。在工业企业的集聚效应趋势下，产业区所在的街道成为黄埔地区乃至全市总人口增长率最高的地区，而经济技术开发区总人口增长率仍然超过10%。

可见，在开发区的带动下，吸引了大量外来人口和外迁人口的集聚，并且集聚的速度一直在不断加快，同时区域也吸引了大量旧城区工业企业向东部地区迁移，促进东部组团不断壮大，从而改变着广州市的地域结构和组团格局。

---

① 谢守红，宁越敏. 城市化与郊区化：转型期都市空间变化的引擎——对广州的实证分析 [J]. 城市规划，2003 (1)：24-29.

第6章 开发区发展的动力机制

6.1 政府的政策体制导向作用

开发区是在改革开放的背景下产生和发展起来的，政府的特殊政策体制是开发区迅速发展和空间拓展的前提条件和重要动力。

6.1.1 政府优惠政策对企业的吸引

开发区得到国家的重点支持，享受优惠的政策，符合国际通行规则，对外开放度高，是一种特殊的政策空间。

（1）对引资的优惠政策。对引资的优惠政策是各种开发区的普遍特征，是开发区能够兴办的原因，也是开发区引进外资的基本手段。广州开发区包括了科学城、东区、西区、永和区、出口加工区和保税区等几个区，其引资政策中规定：外资生产性企业所得税税率为15%（免征3%地方所得税）；先进技术企业所得税自"两免三减半"期满后按10%征收三年；出口企业自"两免三减半"期满后按10%征收（针对当年出口额达到产值70%以上企业）；在国产原料生产的成品出口退增值税、城市房地产税等税率上也都有相应的具体优惠税率。在税后利润再投资鼓励政策中，对经济技术开发区和高新技术产业区实行：再投资于本企业或新企业，限期在5年以上的，可退还再投资部分已纳所得税税款的40%。如再投资的企业属产品出口或高新技术企业，可全额退还已纳所得税税款。

由于广州开发区实行的是全国少有的"五区合一"的管理模式，包括经济技术开发区、保税区、出口加工区、高新区、知识城，所以享有的优惠政策具有多层次性，同时也更全面，对很多大型企业，特别是对有多种开发产品且同时进行出口的企业特别有吸引力。

（2）开发区管委会灵活的运行机制。

广州市政府授予了开发区管委会相应的经济管理权限，其享有与所在地区政府同等的经济事务管理权，运行机制高效、规范。在审批外来投资项目上具有简便、快捷、与国际惯例相适应的办事程序，采用一站式的管理服务方式，积极强化开发区软环境的建设。开发区作为以吸引外资为主、承载工业项目的城市空间，高效、规范、与国际接轨的管理方式是该区域土地不断开发、经济持续快速发展的重要原因，也是与其他的行政区域相比最突出的优势。

6.1.2 政府对开发区空间拓展的支持

开发区不断招商引资，工业项目不断进驻，推动了开发区空间上的不断扩张，广州市政府对开发区的空间拓展一直很支持，30多年来，开发区从最初的9.6平方公里的西区发展到现在东区、西区、科学城、永和区、知识城等多个园区。

表6-1　广州开发区的用地扩张过程

年份	开发区的用地扩张
1984	兴办9.6平方公里的经济技术开发区，即所谓西区
1992	与白云、黄埔两区联合开发13平方公里建立云埔工业区，后由于行政关系被分成三块，东区归开发区直接管理
1993	开发建设永和区
1998	广州高新区与开发区合署办公，科学城纳入开发区开发序列
2000	科学城规划面积从22.47平方公里增加到34.47平方公里
2002	白云区萝岗镇、黄陂农工商公司、岭头农工商公司和天河区玉树村及黄埔区笔岗村划拨给开发区，开发区用地基本连成一片
2010	广州中新知识城建立，规划面积123平方公里

广州市政府对开发区空间的支持，不只表现在空间开发范围的不断扩展和园区数量的增加，还体现在两次的行政区划调整。2005年，以开发区为基础成立

萝岗区，2015 年，将萝岗区和老黄埔区合并成新的黄埔区，实现开发区与行政区在管理上的深度融合，一方面为开发区园区经济快速发展提供了保障，另一方面也为产业与城市功能的协调发展、实现产城融合以及提高城区环境空间品质提供了条件和可能。

6.1.3　城市规划的引导作用

城市规划是为了在城市的发展中维持公共生活的空间秩序而进行的未来空间安排，主要任务就是规范城市空间和功能，引导城市空间的有序发展。城市规划对一个城市的发展具有重要的引导控制作用，是城市政府的一项重要的公共行政职能和公共政策。

2000 年制定的《广州城市建设总体战略概念规划纲要》中提出了"东进"的空间发展战略。城市东翼发展区，地理范围包括黄埔区及白云区的一部分，分为三个相互联系的小组团，即大沙地综合城市副中心区、云埔工业区、广州经济技术开发区。该区结合广州经济技术开发区的建设，大力发展工业、港口、仓库物流、对外交通等设施。

2010 年《广州城市发展战略总体规划》中也提出：整合、完善天河—黄埔—新塘地区功能，一方面要以广州 21 世纪中央商务区的建设为中心，拉动城市发展重心向东拓展，另一方面要强化制造业基地功能，重整东部各类开发园区（广州经济技术开发区、广州高新技术产业开发区、广州保税区、广州出口加工区、广州科学城、广州软件园、广东光谷等）空间布局与功能整合，通过空间布局调整，拓展产业发展空间，带动产业结构升级，形成密集的产业发展带，增强产业的集聚与规模效益，建设配套齐全、综合性的东部新城区。

2018 年《广州市总体规划（2017－2035 年）（草案）》，提出构建枢纽型网络城市空间格局，除了将大部分的黄埔区纳入到主城区之外，知识城作为外围组团之一，定位为国际科技创新枢纽，成为城市空间布局中的重要节点。

从各类规划中可以看出，开发区从建立到发展，从"孤岛"式的西区到发展为一个东部地区的开发区群落，规划的引导是其发展壮大的一个重要动力。

6.1.4　小结

开发区本身是我国特殊背景下政策的产物，各类优惠的政策是开发区发展的最初条件，各类优惠的政策不断吸引着各类投资进入，同时国家和地方政府也把开发区作为区域未来发展工业的主要载体，基于对本地经济的巨大贡献，各地政府都相当重视开发区的建设发展，从规划、重点项目、资金、管理方式等各方面进行支持，促进了开发区的快速发展。因此，从中央到地方，从区域到城市各级政府的政策导向推动了开发区的迅速崛起和快速发展。

6.2 大型企业的示范带动作用

大型企业特别是跨国公司为了谋求其自身的发展，推动全球化战略，从全球的角度组织生产运营，它们以自身的资金和技术优势与中国特定的经济活动空间相结合，成为推动开发区发展的主要外部力量。广州开发区内拥有世界500强的跨国公司170多家，这些跨国公司对开发区内产业集群的发展、对开发区外与其相配套的产业发展起了关键的作用。它们通过吸引更多的上下游配套企业进驻，延长产业链条，从而降低交易成本、获得规模效益。这些相关的配套企业带动了对开发区内制造、仓储、物流、商贸等各类用地的需求，推动了开发区空间的拓展和扩张，进而对整个城市的工业布局、地域结构等方面产生影响。

6.2.1 企业集群

技术的进步将推动生产组织方式的变革。随着科学技术的进步，制造业的生产方式开始从福特制向更灵活和富有弹性的后福特制方式转变，企业的生产组织方式也从垂直一体化（生产链上的所有环节都纳入企业内部）向本地化的企业网络转变。技术的发展和生产过程可分性的增加；市场需求多样化导致的生产不确定因素增加；弹性生产对速度的需求；企业选择战略环节的需要等这些方面的原因使越来越多的企业根据自己的相对优势，组织生产活动，并参与到更广泛的企业间分工和合作的网络当中。所谓企业集群，是一组在地理上靠近的相互联系的公司和关联的机构，它们同处在一个特定的产业领域，由于具有共性和互补性而联系在一起（Porter，1998）。企业集群作为一种典型的经济活动空间现象成为经济地理学研究的重要内容之一。在大企业垂直分离和中小企业蓬勃发展的情况下，以大企业为中心，周围集聚很多中小企业为其配套，构成了相当长的产业链条，在地域上形成了企业集聚，以此减少运输、库存等费用，降低交易成本，并且获得规模经济和范围经济。

　　开发区内企业集群的形成，不仅有利于降低成本、促进专业化分工、给中小企业提供发展机会、提高就业水平等，更能促进城市规划和城市化建设、推动城市地域结构的变化。集聚经济是各种产业和经济活动在空间上集中产生的经济效果以及吸引经济活动向一定地区靠近的向心力，也是导致城市形成和不断扩大的基本因素。根据城市的功能学说，城市形态功能是关于城市地域空间和硬件设施的布局，也是城市社会经济功能赖以发挥的基础和载体，而城市社会经济功能又将带动城市空间和硬件设施的建设。开发区的建设从城市规划的角度来看，其本质是一种产业布局的调整，是对各个产业部门在空间上的再安排，也是城市功能的再塑造。因此，开发区内产业的集聚，一定程度上改变了城市的产业布局，形成了新的产业空间，对城市的空间拓展和地域结构的变化也产生了影响。

6.2.2　以汽车为代表的案例解析

　　广州本田汽车有限公司成立于 1998 年 7 月 1 日，注册资本为 11.6 亿元，由广州汽车集团和日本本田技研工业株式会社各出资 50%。截至 2001 年，广州本田生产规模已达 5 万辆，销售额达 121.3 亿元，利税总额超过 40 亿元。2002 年 7 月，由广州汽车集团与日本本田、东风汽车公司合作的本田汽车出口生产基地落户广州经济技术开发区的出口加工区内，专门生产经济型轿车，全部用于出口，首期规模为 5 万辆，以后逐年增加。由于很多零部件要实现国产化、本地化，因此很多的零配件配套企业进入开发区，到 2003 年底，在广州开发区（包括永和区）的汽车零部件配套企业已经达到 80 多家，投资者来自日本、美国、德国、中国台湾等国家和地区，产品包括汽车关键零部件、制动系统、驱动桥、减震器、摩擦材料、标准件、液压系统、动力传输系统、组合仪表、汽车外壳、汽车座椅、汽车灯具等。可以说，广州开发区此时已经形成了一个颇具规模的汽车整车和零配件生产基地（见图 6-1）。

　　根据不同的政策优势，汽车的零配件企业主要集中在经济技术开发区，保税区重点发展进出口汽车的分拨、商贸业务。很多从事进口汽车经营、仓储的企业进驻广州保税区。进口汽车是一种高价高关税产品，通过在保税区进行仓储，并根据国内消费者的需求即时完税进口，不仅可以减少关税资金的积压，而且保税区靠近国内市场，缩短了产品与消费者的距离，再加上保税区低廉的仓储成本，这些条件都推动了国内外的进口汽车代理商及国内外汽车生产厂商利用保税区开

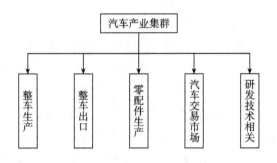

图6-1　汽车产业集群构成

展进口分销业务。广州保税区进口汽车市场包括：南方国际车城交易市场、广东省物资开发公司进口汽车仓储及展示中心、广保汽车大厦及广保丰田汽车仓储展示中心。规划总占地面积为15万平方米，包括展示面积3万平方米，仓储场地约11万平方米，汽车零配件展场约4000平方米，配套场地6000平方米。目前已投入使用的展厅及仓储总共为11万平方米。

随着广州市政府将汽车工业确立为广州的支柱产业，汽车工业也成为广州开发区六大优先发展的产业之一。开发区利用已有的基础，不断加大汽车工业的招商引资力度，给予各种优惠政策，以把开发区建成一个重要的汽车集散、生产加工基地为目标，已经初步形成了目前广州乃至华南地区规模最大、企业最集中、配套最完善的汽车工业产业群、进出口物流基地。

从表6-2可以看出，以本田为龙头的汽车相关行业，影响到了包括广州开发区、黄埔老区、增城的新塘等几个行政区的广州东部板块，带动了汽车整车生产与出口、摩托车及零部件的生产、汽车零部件企业的集聚、汽车市场的繁荣等。汽车相关行业的企业来源地以日本为主，其他还包括来自美国、德国、中国台湾等国家和地区，不仅带来了外资，还刺激了民营企业进军汽车行业，如宝龙汽车作为广州的民营企业，主要生产特种车，后来逐渐转向汽车零部件的生产。截至2016年，黄埔区、广州开发区和增城的汽车产业围绕整车企业广汽本田、北汽（广州）、本田（中国）出口基地，集聚了200多家汽车零部件企业，广州东部是全市北、南、东三个汽车产业片区中产业聚集力最强的片区。据统计，2016年，黄埔区、广州开发区汽车制造业产值达到1386.53亿元，增城汽车制造业产值734.64亿元，两者之和占了广州汽车制造业体量4500亿元的近"半壁江山"。

表 6-2 广州开发区汽车相关配套企业

公司		经营范围	地点
整车生产	本田	轿车	东区
	本田	加工出口	出口加工区
	宝龙	特种车	永和区
汽车零部件	东海塑胶	汽车相关产品	东区
	力可封	汽车发动机用密封垫片	永和区
	百木	生产汽车门、座椅（丰田配套）	东区
	欧立机电	生产三轴以上数控机床及伺服装置	东区
	艾帕克	汽车零配件	东区和永和区
	提珂隆	模具表面技术处理	永和区
	珠铁金属制品	汽车用制动器总成、座椅调角器和汽车关键零部件等	永和区
	新越	汽车零部件	永和区
	丸顺	高强度紧固件等汽车关键零部件	永和区
	森六	汽配	永和区
	凯希艾思	汽车内饰制品	永和区
	阿雷斯提	汽配	永和区
	日本住友钢管	汽车滤清器、减震器要五金件	东区和永和区
	敏惠	零部件	东区和永和区
汽车市场	汽车城	龙的丰田专卖店、省物资中华店、龙骑郑州日产专卖店、二手车交易市场、建利华中华汽车"4S"专卖店	黄埔区
	南方国际车城	物流市场	保税区
	广东省物资开发公司进口汽车展示中心	物流	保税区
	广保汽车大厦	物流、市场	保税区
	广保丰田汽车仓储展示中心	物流	保税区
	EAC 名车城	整车销售、维修、置换、零配件生产、汽车保险	增城新塘
研发技术相关	本田生产技术（中国）有限公司	对各生产基地的生产设备进行更新、改良，生产高精密金属模具，提供生产技术援助	东区
	丰田汽车技术研究交流（广州）公司	混合汽车的研究、汽车检修和培训等	科学城

注：表中的零配件企业只是其中一些规模较大的企业，相关的零配件企业实际已达到 200 多家。

以本田汽车为龙头，一大批汽车零配件企业发展起来，带动了汽车进出口物流基地的建立，在广州开发区内形成了集配件和整车制造、物流仓储、销售、研发等于一体的产业集群。汽车产业集群的不断增长和扩大推动了广州开发区对土地资源的需求，带动了开发区内、外的一系列零配件企业的不断集聚，使得建成区也在不断地扩张，进一步带来了地域结构的变化。1997 年以来，三希科技集团在保税区电脑工业城内成立了包括广大科技、广上科技、广川科技、广昕科技、广合科技、广茂科技、山好科技、广天科技、广山科技九家 IT 产业链上下游配套公司，初步完成电脑、电子产品的上下游产业的垂直整合，并开始着手兴建工程研发中心和仓储物流中心，即将形成一个电子产业的集群形态。另外，松下·万宝、宝洁、依利安达、顶新、旺旺、安利等很多跨国公司在企业的内在需求和开发区对集群化企业的优惠政策的推动下也被吸引过来。

因此，随着开发区内跨国公司越来越多，由跨国公司所带来的上下游的企业不断增多，产业链也在不断延长，由此带动周围地区相关产业的发展，表现在城市的空间结构变化上就是城市形态的拓展和地域结构的变化。

6.3 产业发展的实际作用

目前我国大多数的开发区建设已不仅仅是工业项目的安排和布局，而是成为综合开发型的城建活动，是改革开放后成长起来的全新的城建机制。开发区的建立和发展不但实现了区域的城市化，还带动了周围农村地区的城市化。

对于开发区来说，其地域上的农村人口失去了农业用地，从户籍上转化为城镇人口，生活方式也从农村向城市转变；开发区的基础设施往往是高起点规划和建设的，因此整个区域的硬质景观也迅速向城市的景观特征转变；开发区的经济结构以第二、三产业为主，几乎没有传统的第一产业，具有标准的城市经济的特征，同时开发区作为产业集聚区，不断地吸引外部人口的积聚，推动着城市化的进程。对于开发区周围的农村地区，首先，开发区的建设带动了周边农村、城镇以道路交通为主的基础设施投资。开发区的"七通一平"的大市政建设不仅对开发区的基础设施建设起到支撑作用，给开发区周边的农村和城镇也带来很大的机遇，带动了这些城镇、农村的配套道路交通等基础设施建设。此外，随着开发区及边缘区经济的活跃和工商业的繁荣，必然会增加当地的财政收入，为改善和进行基础设施建设提供了必要的资金。其次，开发区建设使得周边地区第二、三产业经济活动显著增加，就业人口在三次产业间的分配比例发生变化，第一产业从业人口的比例逐渐下降，第二、三产业从业人口的比例逐渐上升，就业人口初步具备城市经济的特征。最后，开发区的建设和发展使得周边农村地区的社会环境发生了改变，教育医疗卫生条件也相应地得到改善，人民生活水平和质量、农民人均纯收入及劳动力素质等都得到较大的提高，人们的生活方式和价值观念也逐渐向城镇转化。

6.3.1　带动区内及周边房地产的开发、商业娱乐业的发展

开发区作为城市的一种新的空间要素，已经逐渐引发了城市的居住、商业等功能的重新布局，改变着传统的功能结构。邢兰芹等研究表明[①]，西安的开发区在带动产业空间调整演化的同时，也带动了西安居住空间的演化，新兴开发区良好的发展势头和优越的综合环境，使开发区成为西安新的商品住宅开发和销售的热点地段，尤其是中、高档住宅最为集中的地段。开发区成为 20 世纪 90 年代拉动西安住宅由市中心区向外围"外溢""郊迁"的主要区段。

广州开发区作为广州市的重要空间要素，区内及周围的房地产、商业娱乐等功能开始逐渐增多，特别是将萝岗等地并入开发区后，结合地形、环境的优势，这一带将成为一系列高尚住宅区、别墅的热点开发地区。由于初期开发区内缺乏足够的商业服务设施，因此，开发区内的管理人员、企业的商务人员等都选择在周边地区消费。笔者通过访谈得知，开发区的很多人多选在黄埔的大沙地和增城的新塘等商业、饮食服务业密集的地区作为消费场所。而增城南部的新塘镇很多大型楼盘中，有相当部分业主工作在开发区。可以说，开发区的出现，带动了房地产、商业等的发展，改变了广州的居住、商业等空间布局。

6.3.2　带动更多人口的就业，推进了城市化、郊区化

开发区的建立会引发城市就业结构及其空间分布的变化，工业单位的转移，生活、工作空间关系的变化，对配套服务业的需求，以及工业园区内住宅开发建

---

① 邢兰芹，王慧，曹明明. 1990 年代以来西安城市居住空间重构与分异［J］. 城市规划，2004，28（6）：68－73.

设等因素，引发区内人口数量与结构的变化以及内外的人口流动及人口分布的变化。开发区一般建在城市郊区，其人口主体多来自于工业园区之外的城市中心区，所以园区的建立事实上促发和带动了城市郊区化进程。同时，开发区还逐渐发展为城市的一种新型社区，开发区与所在行政区域的联合建设措施，不仅实现了区域经济的互动发展和"双赢"局面，而且推动了郊区城市化的发展，从而推动郊区空间结构发展。开发区的快速发展也正在改变着区内农民传统的生产和生活方式，其高标准的基础设施建设，给周边地区、特别是村镇带了巨大的机遇，改善了它们的外部环境，农民的就业问题和长远发展问题得以解决。

6.4 小结

通过以上的分析可以看出，在促进广州开发区发展及空间结构演进的各种因素中，政府的政策体制因素是其建立和发展的最初条件和保障，跨国公司的投资是全球化条件下促进其发展的重要的外在推动力，在政策体制的保障和投资的推动力作用下，开发区作为一个工业区迅速发展起来，而且是从高起点的基础设施、良好的硬件环境开始的，第二产业的繁荣吸引了更多的人口集聚，集聚经济和规模经济效应明显，产生了更多的对服务设施、第三产业的需求，内部的功能分布也日益明显，从而带动了开发区从单纯的工业区向以工业为主的综合性新城区方向发展，带动周边地区的城市化、郊区化进程，对整个城市的空间结构也产生重大的影响。

第7章　开发区的空间转型

前文讲到，开发区有自身的发展阶段和生命周期，国内外经济社会环境、政策环境和开发区自身的原因，都会改变开发区的发展进程，使其进入新的发展阶段。目前我国的开发区大致经历了起步、完善、优化调整的阶段，面对土地资源的紧张、政策优势的丧失、劳动力成本上升和国家发展战略的调整，开发区普遍进入转型发展的阶段，除了产业选择的调整和综合功能的完善，开发区的空间布局、空间形态也面临调整，亟待转型。开发区要从一个工业化地区转化为一个城市化地区，从产业园区向科、工、贸、商、住、行、娱多功能复合发展，大量城市综合要素和产业经济活动在区内并存聚集，开发区开始呈现综合功能和多元内容的新城发展趋势，其单一型经济功能结构逐步被多元型城市功能结构所替代，由于功能决定空间，功能结构的转换必然要求其空间结构及形态模式的变异与发展，源于开发区模式的单一性生产空间形态已逐步被新城模式的复合型城市空间形态所替代（葛丹东，2009）。开发区原来单一的空间形态需要逐渐适应城市化的空间形态和特色化的空间景观，其空间形态从宏观到微观都面临调整。开发区功能的转型和完善体现在空间上就是空间结构的调整、道路肌理的细化、景观的多样化和美化等。

已有的关于开发区空间再开发和空间转型的研究主要集中在宏观方面，偏重于与开发区综合化之后的整体空间结构和发展建议，微观层面相对较少。袁新国、王兴平（2011）认为，城市再开发存在综合新城、产业社区、纯产业区和消亡空间四种再开发模式，并分析了各种再开发模式的功能、产业和空间的再开发特征，在宏观上提出了综合新城构建完整独立的空间结构、产业社区构建较完整的空间体系、纯产业区构建"园中园"式的产业聚集空间、消亡空间融入城市空间的再开发体系；葛丹东、黄杉（2009）等认为，随着杭州经济技术开发区转型为综合化城区，新城型开发区的空间结构应增加网状的居住空间和线性的公共服务空间，并将居住、服务和就业空间进行相应的融合。王兴平、袁新国等（2011）以南京高新技术开发区为例，认为产业优化提升、功能转型升级、空间集约利用及建筑改造再利用等是实现开发区再开发的有效途径，并简要分析了不同再开发途径的开发机制与策略。

下文主要结合开发区的定位及其变化，探讨不同阶段开发区的空间特征和现阶段面临的空间问题，从而从不同层面提出空间转型的规划策略和途径。

7.1 开发区的空间转型背景

7.1.1 政策环境的变化

开发区是一个由政策推动建设的特殊经济区，它的发展兴衰也与政策息息相关。开发区早期的蓬勃发展和所谓的"开发区热"来自于优惠政策的实施。其优惠政策包括促进开放的政策和促进发展的政策。促进开放的政策包括开发区企业出口退税、简化通关手续、企业商务人员出国简化手续、企业进口属国内不能生产的自用仪器和设备免征关税和进口环节增值税等。而开发区促进发展的政策包括财政政策、税收政策、土地使用政策和其他在人才吸引、风险投资、鼓励创新等方面的配套政策。在管理体制方面，开发区普遍实行"管委会"的管理模式，被政府赋予较大的经济管理权限，按照"小政府、大社会"的管理理念和"精简、高效、亲商"的原则，负责区内的统一规划建设、招商引资和其他经济发展工作。开发区的这种管理模式可以降低交易成本，提高服务效率，促进了开发区的快速发展。正是各种优惠政策和高效的管理模式，为开发区的蓬勃发展提供了基础，与中国的改革、开放和发展的战略相互呼应、相互促进。截至2003年，全国各类开发区达到6866个，规划面积3.86万平方公里，超过了当时全国所有城市建成区的面积。

进入21世纪，开发区的优惠政策逐渐弱化，如2001年中国加入世界贸易组织，各种开放政策因为全方位的开放和国民待遇原则的引入而弱化，2002年中央的财政优惠政策到期，2007年，工业用地的出让方式调整抑制了开发区通过便宜的土地招商引资，2008 年取消了中国大陆范围内企业所得税的差异，实行统一的税率，开发区的税收优惠政策终结。此外，随着开发区的规模扩大，人口和居民不断增多，管委会社会管理与社会服务只能日益加重，原有的管理模式也面临较大的压力，很多地方出现了开发区与行政区的合并。如在广州开发区基础上成立了萝岗区，之后又将萝岗区与黄埔区合并，成立新的黄埔区。在国内外环境的变化和政策弱化的背景下，开发区注定要调整转型以适应新的发展环境，开发区的分异分化也在所难免。

7.1.2 开发区的定位及其变化

我国的开发区最早建立于 1984 年。在经济全球化和新国际劳动分工的背景下，国际产业结构调整开始在世界范围内进行，很多外资开始尝试进入中国，利用优惠的税收政策、便宜的地价、低廉的劳动力，将低端的制造业转移进中国；从国内来说，随着改革开放的政策不断推进，在经济体制改革的过程中，我国面临着资金短缺和技术、管理等的落后等问题。因此，从经济特区到经济技术开发区、高新技术开发区，从沿海到内地，因政策优势而建立起来的经济功能区的不断出现，成为吸引外资、发展工业、增加出口的载体，开发区早期的定位就是"三为主，一致力"，即以吸引外资为主、以出口创汇为主、以发展工业为主，致力于发展高新技术产业。

经历了 20 世纪 90 年代中后期的开发区热，开发区暴露出诸多问题：产业同构、定位性质雷同、土地效益低下、规模失控导致大量土地的占而不用等，开发区面临重新定位和调整，被称为开发区的"二次创业"。一些发展条件较好的开发区开始在打造产业集群、发展高新技术等方面发力，努力推动产业升级，并且开始重视开发区长期以来重生产轻生活、产城分离、城市功能缺失等问题，吸引城市综合要素的集聚，完善综合城市功能。

进入 21 世纪，国内外社会经济环境发生巨大的变化。一方面，随着我国加入世界贸易组织，开发区的政策优势丧失，另一方面，经过 30 多年的开发建设，开发区的用地日趋紧张，土地利用效益也亟待提升，同时，中国的劳动力成本快速上升，原有劳动密集型产业的利润空间不断压缩，开发区面临着巨大的困难和挑战。开发区内的产业从原来的劳动密集型、资金密集型产业逐步向技术密集型升级；由于对外资的过度依赖也使开发区面临极大的风险，开发区开始转向内资和外资并重策略，除了国有企业，也重视民营企业的入驻；开发区从最初重视引进大型企业到引进大、中、小型企业并重，强化构建产业链，上下游企业联动发展；开发区开始鼓励创新，营造创新氛围，出台各种优惠政策支持高新技术企业发展，不断培育创新产业体系。

纵观我国开发区的整个发展历程，其发展定位、发展方向始终在不断实践摸索中进行调整，从而与国内外的环境相适应。

广州开发区建立至今其定位变化过程，如表 7 - 1 所示。

表 7 - 1　广州开发区定位变化过程

年份	相关规划、文件	开发区定位
1984	《广州开发区规划大纲》	交通、通信等硬件设施和科技、教育、文化、体育、医疗、旅游等都依托母城广州市，纯粹的工业加工区
1994	《开发区"九五"发展规划》	基础设施等高起点、高标准的，与世界经济接轨的综合性的工业化园区
2003	开发区党代会文件	以现代工业为主体，三次产业协调、经济与社会全面进步的广州新城区，成为广州的副中心

1984 年编制的《广州经济开发区规划大纲》中提出，开发区要依托母城，将交通、通信、供水、供电等设施和广州市总体规划统一起来，使科技、教育、文化、体育、医疗、旅游等项目的发展与广州市区相配套，使开发区成为广州市的一个有机组成部分，而不是"小而全"的卫星城。

1994 年编制的《开发区"九五"发展规划》大纲中，主张将广州开发区建成一个与世界经济相接轨的、与国际化大都市相适应的、文明、开放、繁荣的综合性的工业化园区。

2003 年 7 月，广州开发区召开的第一次党代会上明确提出，开发区将建设成为"以现代工业为主体，三次产业协调、经济与社会全面进步的广州新城区，争当广州率先实现社会主义现代化的排头兵"。可见，广州开发区的定位已经作了调整——由成立当初确立的以发展工业为主的"经济功能区"变成了如今的既适宜创业，又适宜居住的"新城区"，从一个单纯的通勤工业区转变为工业城区，成为广州市的副中心。广州市确定的"东进"战略，为开发区带来了新的发展契机，它成为了推进广州东部地区工业化、城市化的主要力量。按照新的目标定位，开发区开始在逐步优化区内环境、优化产业结构方面努力：加强路网建设，形成内通外联、高档优质的道路和轨道交通网络；规划建设天鹿湖森林公园、萝岗香雪公园、科学城公园等，构筑"绿色屏障"；加快现代物流、专业市场的建设，吸引第三产业的大型企业进驻开发区等①。

2015 年，广州开发区与黄埔区实现深度融合，设立新黄埔区，规划将黄埔定位为：国家影响力的智造产业集聚区、国家海丝门户和港航服务中心、珠三角企业创新技术中心、具有现代岭南山水特色的广州东部副中心。而开发区更是强调要建成创新产业集群和创新城区，即以广州东部山水新城和"两城两岛"为平台，用多元要素整合拓宽创新空间，用创新集群范式创造专业化园区，成为广州市东南部创新驱动的核心区。

可见，开发区的功能定位已经发生了变化，从纯粹的工业园区变为广州市的一个工业新城区、城市的副中心、城市的重要发展极，并逐步转型升级为创新城区。

7.2　开发区空间转型面临的问题

开发区的功能定位的变化，必然伴随着产业布局、功能格局、整体空间结构、空间形态、空间环境等的一系列变化。因此，开发区功能定位的调整和转变，必然会带来其空间的转型。开发区的定位从最初的工业区，发展到以经济功能为主的新城区，再到综合性的新城区或创新城区，是包括功能、产业结构、空间结构、空间环境、推进城市化等方面在内的全面转型。用地空间是开发区实现转型的物质载体，也是决定转型成败的重要因素。经过 30 多年的发展，我国开发区经历了不断变化的政策环境和经济环境，建设的步伐丝毫没有减慢，其作为城市的功能区一直发挥着重要的作用，但面对向城市转型的历史机遇，开发区在空间上仍存在许多内在缺陷和亟待解决的问题。

7.2.1　空间效益低下

一方面，开发区在建立初期，引进的工业企业普遍层次不高，城市规划也缺乏长远的打算；另一方面，开发区征地管理比较宽松，地方政府通过土地财政模

---

① 开发区要做城市副中心［EB/OL］. http://www.gz.gov.cn/egov.

式获得高额的财政收入和 GDP，以此实现良好的政绩，因此，造成了开发区大量圈地，用地供给远远超出了实际的需求，从而出现土地闲置现象。由于地价低廉，开发区土地不再稀缺，已开发用地也表现出低效粗放利用和无序蔓延的特点。开发区的土地一直是采用使用权有偿出让的方式进行市场配置的，由于土地采用协议的方式出让，激烈的竞争使得大部分开发区的土地以十分低廉的价格，甚至是零地价出让。低地价导致项目选址控制在投资者手中，也造成了大规模的低价圈地和低投入强度的土地利用，直接引发了工业用地在空间上的蔓延。甚至有不少企业将获得的未利用土地进行二次转让，进行土地投机来从中牟利。开发区的大量土地资源迅速转移到了企业手中，不仅没有发挥应有的作用，而且给城市空间的整合带来了巨大的困难。土地的闲置和失控不仅造成了土地资源的浪费，并且出让土地需要政府投入大量的基础设施建设，增加了开发区的财政负担。

7.2.2 空间结构失衡

开发区最初的发展定位以工业为主体，其考核指标强调对于吸引外资、工业项目的要求，各开发区用地都向工业项目特别是外资大项目倾斜，工业用地的比例因此居高不下，导致长期以来开发区的用地结构中工业用地比例过高，其他服务设施用地比例偏低。结合我国一些开发区的用地结构和指标，工业用地在用地结构中占绝对主导的地位，规划图纸上往往出现成片的工业用地，而其他的居住用地、公园绿地及各种设施用地严重不足，造成开发区用地结构失衡。在很多开发区用地构成中，工业用地的比例达到 50% 以上，居住用地占 10% ~ 20%，而包含商业用地在内的公共设施用地仅为 2% ~ 10%。另外，开发区的用地规划缺乏弹性，不能适应当前开放动态的空间发展模式。开发区有其自身的发展周期和阶段特点，初期由于人口较少不需要太多配套设施，但随着空间的扩展和企业、人口的增多，对设施的需求随之提高，但由于受到"产业发展是重中之重"思路的影响，功能分区思想也贯穿在开发区建设的全过程，造成用地兼容性差，丧失了土地弹性增长的可能，从而造成了设施供给和居民需求之间的矛盾，使得很多就业人口只能居住在老城区，带来开发区与老城区之间的大量通勤交通。

7.2.3 空间的功能单一性问题

开发区从一开始建立就遵循产业导向为主、工业功能为重的发展框架，在空间结构和空间形态上分区概念突出。除工业用地和相应的道路交通用地外，开发区内其他功能空间的规划均处于弱势地位，甚至是缺失的。在建设过程中重工业轻服务业，通常采用滚动开发的模式进行开发建设，服务功能通常依托区外空间来解决，从而形成了小则几平方公里，大则数十平方公里的工业连绵带。这种建设模式在初期阶段有一定的优势，但随着后期的发展，这种功能单一、尺度巨大、服务缺失的空间结构和形态模式暴露出极大的问题，特别是进入向新城区转型的后工业化阶段，该纯化的分区结构明显不适应多样化的城市综合模式，亟待调整。由于开发区在建设实践中片面追求功能上的单一工业化忽视了必要的生活服务设施与公共服务设施建设，导致开发区对人口缺乏吸引力，一些公共服务设施无法达到人口需求方面的"门槛"；同时，人口的不足又使部分已建公共服务设施的利用效率低下，两者形成了一种恶性循环。

除了配套设施用地比例偏低，开发区的规划和开发方式也对区内服务功能的完善产生较大的影响。人口的集中是形成商业环境的最主要因素，开发区内的外来人口几乎等同甚至超过本地人口，而"前厂后院"的建设模式，大量的产业工人常年栖居在厂区内，无法形成有效的消费能力，但这部分人占了开发区工业企业总就业人口的一半以上，占用了大量的开发区土地资源。另外，拆迁农民的安置，通常也是让其自成体系地集聚在主城区的边缘地带，不仅分散了消费群体，也给他们的就业带来了很大的困难。空间功能的单一性也导致了公共交通规划问题，开发区内虽然规划了公共交通网络系统，但在高峰时段公交容量远远无法满足需求，而在其他时段公交线路又处于闲置状态，低效率的运行机制通常使公共交通难以为继。

7.2.4 产业空间相互隔离

传统的市场经济条件下的产业空间，通常体现为自然式增长，开发区虽然一开始就在区域内构建仿真的国际市场环境，但是以招商引资为主的发展模式形成了开发区产业空间的机械式增长。在自然式增长的产业空间内，产业的集聚效应吸引着相关企业进入产业空间，企业间通过不同的方式进行交流和互动，相互的依存度高，企业对产业集群环境的依赖度远远大于对其他要素的依赖度，空间的凝聚力较强。机械式增长的产业空间通过政策的优势将企业迁入特定的空间内，虽然同在一个开发区内，但各企业往往因势所需，采用"前厂后院"的办厂模式，各自为政，不仅在产业链上难以呼应，甚至在社会资源的利用上也难以形成联系。空间内的企业往往着眼于降低生产成本，缺乏自组织能力和持久发展的能力。开发区通过多年的发展，已经拥有了构建产业集群的经济基础，然而，经济空间和物理空间上的孤岛效应不仅使开发区无法形成区域内企业间的充分交流与合作，还无法充分地利用母城的优势资源，如金融、信息、人才等。只有通过合理的空间布局，为产业集群提供信息流、资金流、人才流和交通流等支持平台，促进开发区产业集群的形成，才能形成新的竞争优势。

7.2.5 空间环境和景观风貌单一呆板

开发区最初的发展强调以工业为主，因此，工业区的空间布局就是以产业为中心，除管委会等少数服务用地和生活用地之外，其他地区都是以"棕地"的形式存在的，导致空间缺少层次和多样性，要素的单一性决定了结构的纯粹性。开发区内产业用地的地块划分偏大，且厂区通常进行封闭式管理，与城市其他区域相比，开发区的道路密度明显偏低，道路肌理比较单一。开发区的建筑布局方式也比较单一，排列紧密，缺乏层次感和多样化，开发区建筑体量较大，但却缺乏城市中心区建筑的灵活和形式的丰富。从整体环境风貌看，开发区建筑色彩较单一，蓝屋顶、灰墙面，标准厂房所形成的相似体量和高度给人以乏味的景观意向，并且在较早开发的区块，整体物质景观已出现整体性衰败现象。开发区的绿化也出现相对矛盾的现象，即企业内部的绿化偏多、公共开放的空间偏少，导致了公共环境景观的缺乏。

7.3 开发区空间转型的策略

7.3.1 空间转型的理念和思路

（1）产城融合的理念。

开发区空间转型的过程就是开发区内部功能、用地和空间布局的优化过程，开发区要摆脱以往以工业为主导的单一发展模式，形成功能复合、配套完善、宜居宜业的现代化新城区，从而解决因开发区职住分离而带来的城市交通拥堵、部分功能缺失、环境面貌呆板等一系列问题。"产城融合"从广义上来说是城镇化与工业化同步协调发展，包括社会、经济、文化、产业、空间等各个方面的融合，从城市新区或者开发区的层面上，它指的是通过产业结构的调整和升级改造、提升公共服务功能、完善公共服务配套，使其成为功能综合、配套完善的新城区。"产"指的是产业集聚空间，以第二产业为主，"城"指其他的功能区空间，包括居住、公共服务、景观绿化等方面。产城融合在空间上的特征表现为生产空间与生活服务空间由相互隔离转变为融合发展，从而摆脱产城空间割裂、职住分离的困境。产城融合理念是基于园区内生活空间滞后于生产空间、城市功能滞后于产业功能、社会事业滞后于经济发展的现实而提出来的，它强调产业发展与城市发展相互依托、相互促进，以产业的集聚发展实现人口的集中，为城市化提供基础支持，又以城市的服务功能为产业发展、人口集中创造条件。通过产城融合，完善园区的城市功能，改善园区形象，集聚人气，增强活力，形成复合多元的城市功能区，从而实现城市工业化、城市化的健康持续发展。

近几年，产城融合的概念在文献和相关政府文件中经常出现，但是对于产城融合思想的相关研究由来已久。从1933年的《雅典宪章》的功能分区到1977年的《马丘比丘宪章》中"努力创造一个综合的、多功能的城市环境"，从郊区化过程中的边缘城市到紧凑城市理论、新城市主义，对于城市空间的论述都涉及土地混合利用、功能复合开发、公共交通等内容。伴随着我国"十二五"规划"四化同步"战略的提出，"产城融合"成为一个被各级政府热衷的词汇，也开始引起学者重视，对其展开相关的研究。

开发区层面的产城融合包括了功能、空间、设施、交通、环境等多个方面的内容。第一是功能复合，开发区要改变以往产业区与生活服务区相互隔离的状态，将居住、工作、公共服务和游憩等功能在一定区域内集中布置。这样不但可以使产业区的投资环境得到整体提升，有助于区内产业结构的升级改造，还能使各种日常生活的需求在各自的分区内解决，从而减少不必要的交通，缓解交通拥堵。第二是完善的公共设施配套系统。公共设施的配置要按照城市配套的标准，即"城市级—区级—社区级"的三级体系来配置。城市级设施的种类与规模要考虑面向整个开发区的需求，设置大型的商业、金融、休闲娱乐、文化、办公等设施，形成综合服务中心。分区级设施要根据不同单元分区的功能进行差异化配置。而社区级公共服务设施要考虑居民的日常生活需求和服务半径，配置中小学、超市商业网点等。第三是相互融合的空间布局。开发区在功能完善的同时要不断优化空间布局，将生产用地与居住、公共服务、公园绿地等空间有机融合，营造方便、舒适、生态的环境。第四是公共交通主导。交通组织是开发区实现产城融合的重要因素，交通组织应处理好开发区内部各个功能区及与主城区之间的交通联系。开发区的路网布局较疏，只注重生产区主要干道的建设，缺少必要的支路系统（生活性道路）。随着开发区功能的完善和用地的复合化利用，要增加路网密度和步行空间，同时要强化公共交通。公共交通作为绿色低碳的交通方式，可以有效解决开发区内部及与主城区的交通联系，缓解城市交通拥堵，对开发区实现产城融合有重要的作用。第五是营造良好的空间环境。开发区从工业区向新城区的转变，对其自身的空间环境质量提出了新的要求。开发区要营造生态宜居、丰富多元的景观环境来满足区内产业转型升级、高新技术产业项目的增多和高端人才的引入等。

（2）转型的思路。

首先，开发区的空间转型必须将其与周边地域联系起来整体考虑。开发区建立之初，因实行特殊的经济政策，往往选址在郊区，距离母城有一定的距离，但随着环境和政策的变化和开发区自身的完善，它与母城之间已经实现了多种城市要素和信息流的相互组合流动，其经济、社会、生态、文化价值和属性被重新发现、梳理及拓展，开发区与周边城镇的发展越来越表现为依赖与制约并存、支持与竞争并存的格局。开发区在自身发展演化的过程中，与主城区的关系开始从割裂、孤立转变为有机融合，开发区的空间转型，要在强调区域经济、社会、生态整体性的基础上，关注区域空间发展结构和形态模式的整体性。

其次，开发区的空间转型要保持发展、规划的弹性和灵活性。在功能布局和用地组织方面，早期的开发区等园区功能分区严格，规划中采用大面积的和模块化的功能分离手法较普遍，如生产与生活功能严格区分；地域分工明确，专业化强；用地的匀质性显著。地域功能专业化的清晰结构必然使园区内不同地区的用地承担差别明显的功能，形成匀质地域，表现出很高的匀质度，较少考虑人的生活需求，不重视软环境的建设，许多园区在生活设施、社区文化建设方面严重滞后。用地规划仅停留在物化功能的组织层面，缺乏对所处地域的自然条件、人文环境的深入研究和理解。随着产业的调整和功能的转型，开发区要在空间布局和用地组织方面做出应对。采取适度的功能分区策略，保证各分区功能的充分有效发挥，避免相互之间的干扰；但同时还要考虑生活空间与生产空间的融合、工业和生产性服务业的协调，构建多元化复合型的空间结构。从大尺度、大模数的规划手法到小尺度、社区式的开发模式，营造丰富的公共空间和交往空间，以人为本，增强空间结构的弹性，营造高效、安全、紧凑、有机的功能布局结构，实现灵活性与原则性的统一。在功能和空间转型的过程中，开发区仍然面临着很大的不确定性和多变的环境。因此，要重视市场经济的调节手段，实行应变能力较强的弹性策略。在制定规划的时候，要提倡土地的混合使用和功能的实时弹性置换，通过土地运营改善自然和人工环境带动周边土地价值的提升，运用市场手段调整置换不合理的用地布局，推动园区的更新改造，改善土地低效利用的现象。

最后，开发区的空间转型要重视空间的特色和品质。一方面，开发区在建设初期，通过"五通一平"或"七通一平"的基础设施建设吸引项目入驻，着力于平整土地、开通道路、改造自然，而无视区内原有的生态景观格局和自然肌理，过于注重经济效益而忽视了生态和环境效益，造成了环境污染和生态破坏现象。另一方面，大面积标准工业厂房和大体量公共建筑单体组成了开发区典型的物质景观，传统的开发区以工业景观为主，城市景观和风貌比较单一呆板。同时，短时间大规模的开发建设活动也造成了在局部地区物质空间的单一呆板和人性化场所的大量缺失。在功能转型和要素集聚的过程中，必须要注重提升开发区的景观的特色和品质。要从改善生态环境和重塑物质空间面貌两个方面改善开发区的环境问题。如通过环境友好的开发方式和生态环境的重建过程，实现区域生态景观格局的重构；加强对公共环境空间的人性化改造；规划建设社区邻里中心、小型活动广场，创造丰富多元的环境氛围。规划中要寻求立足于区域差异，挖掘当地历史、文化传统方面的深层次内涵，重视历史文脉的继承、延续和传承，同时，要注重人们日常生活的多样化需求，创造出丰富多元、富有人情味的城市空间。

7.3.2 空间转型的模式

城市的空间结构与形态是城市的骨架，由城市的各功能片区、道路交通及各类节点、轴线所组成的形态特征所构成。开发区要实现从工业园区到城市综合功能区的转型，其空间上要形成一个产、学、研与城市生活有机结合的综合性区域。因此，除了要制定各功能分区合适的政策，还要构建一个丰富的城市空间结构和形态。

城市的四大基本功能是居住、工作、游憩和交通，居住排在首位。在开发区的空间结构及形态模式优化中，居住功能优化、牵引和适应着整个开发区空间结构的发展。同时，包容城市商业、金融、教育、文化等城市公共生活的公建结构是城市空间结构及形态的重要构件。葛丹东等（2009）提出了"居住板块网状交织"和"公建斑块线状穿梭"的空间结构优化模式。"居住板块网状交织"模式一方面从量上满足发展，另一方面网状交织促使居住功能与开发区的产业功能互补与渗透，从而避免由新城各功能区的单一所造成的"钟摆运动"而引起的一系列城市问题，也呼应新城市主义者的功能复合理念。而"公建斑块线状穿梭"是以依托公共服务用地开发，在优先发展基础设施及公共服务设施基础上，通过公共服务设施的穿插延续来带动功能组团的发展和新城的形成。他还比较了这两种模式以及叠加模式的优缺点（见表7-2）。

表7-2　开发区空间结构及形态优化模式比较

		发展模式	人气聚集	职住平衡	用地融合	土地收益
居住板块网状交织结构	优点	居住大规模发展，起步速度较快，城市化进程也就相应较快	优先发展居住，有利于短时间内有效地集聚人气，良好的居住环境可以吸引越来越多的常住人口，从而促进城市化及第三产业的发展	居住的网状分布有效地缓解了"钟摆运动"，一定程度上缓解了交通问题引起的城市病	网状的发展结构便于新城用地布局的渗透与平衡，以及功能分区的有效融合	居住的开发能带来丰厚的收益，城市开发的性价比优
	缺点	居住的迅猛发展会导致一定程度上的公共建筑的不足，从而影响居住的质量及城市的吸引力	公共服务设施的不足也会影响产业的发展			
公建斑块线状穿梭结构	优点	公共设施与服务功能的完备能有效带动城市其他产业发展		公共服务设施广泛分布可以缓解"钟摆运动"，服务的均享性佳	快速建立组团之间的联系	公建开发能带来综合收益
	缺点	大规模进行公共服务设施的建设，使得开发成本较高，并且短期内很难取得经济效益	较难集聚人气			

续表

		发展模式	人气聚集	职住平衡	用地融合	土地收益
叠加优化后的组团联动模式	优点	由于对住房进行大规模的发展，发展速度快从而城市化进程也就相应较快	有利于短时间内有效地集聚人气，良好的居住环境可以吸引一定的常住人口，从而促进城市化及第三产业的发展	基础设施及服务功能的完备能加快城市的发展速度，有效带动产业发展，并缓解交通问题	网状与线状结合发展便于新城用地布局的平衡，以及城市功能分区的有效融合	居住的开发能带来丰厚的收益

资料来源：葛丹东，黄杉，华晨．"后开发区时代"新城型开发区空间结构及形态发展模式优化——杭州经济技术开发区空间发展策略剖析［J］．浙江大学学报（理学版），2009，36（1）：97-102.

7.3.3 空间转型的策略

开发区的空间转型要从不同的空间层面进行，宏观层面，保持开发区空间结构与空间形态的整体性，与周边地域协调发展，与母城相互融合；中观层面，将生产和生活空间有机地融为一体，构建复合用地单元。一方面对工业产业类型进行转换升级，置换迁移低端产业，另一方面在工业用地的基础上，配置适量的商业、金融、居住、文教等建设，多种活动各得其所，有利于增加社会生机和活力，提高建筑和设施的利用率，方便工业区职工生活，解决居住和上班距离过远的矛盾，同时可以避免大量人流穿越区块，减轻城市交通负荷；在微观层面，注重城市空间的品质和城市环境风貌的提升，增加和完善公共空间，促进人们的公共交流，增加城市活力。

（1）宏观层面。

开发区作为城市的有机组成部分，需要以城市的视角或区域的高度来审视它的发展和变革。伴随着空间开发、经济要素重组、人口聚集流动、土地利用变化、与城市的相互作用等过程，开发区对所在地区和城市经济、社会、实体空间的演化以及城市化、郊区化进程都具有强烈的催化、带动作用，引发区域空间的重构；此外，随着其城市功能的完善，开发区开始逐步走出"孤岛"，与周边地域协调发展，优势互补，与母城相互融合发展。

开发区的宏观区位选择是历史的选择，无法改变，但是通过科学的交通网络组织，合理的建设时序，可以改善母城和开发区之间的联系。开发区的发展对城市的社会、经济和空间的影响，最终将体现为城市空间的重构，牵引着城市向轴线方向生长。它所带动的城市经济结构与产业空间的调整势必引发城市就业结构及其空间分布的变化工作场所的转移，居住和工作空间关系的变化以及对配套服务功能的需求，一方面加快了区内城市综合功能空间的建设，另一方面对开发区和母城之间的交流提出了更高的要求。首先，开发区和母城之间必须建立通畅的"流"通道。只有包括交通流、信息流、资金流和人才流等在内的各种"流"在开发区和母城之间交流通畅，两者才能在各自的平台上更好地利用对方的资源加快发展。其次，开发区在功能特性的构建上应该和母城形成互补的格局，避免因功能重复而形成低水平的恶性竞争，同城的开发区应该在母城的协同下互为补充，形成各自的发展特色。最后，开发区应该利用自身在产业、资金、体制和人才等方面的资源优势，甚至是外来多元文化的优势，促进母城在体制和机制上的优化，同时通过和母城之间的合理分工，承担母城的部分城市功能，不断发展自己，拓展自身的城市功能和城市空间。

在功能格局、对外交通联系等方面处理好与主城区及区域的关系，有机地融入城市整体发展的空间格局。与周边区域相协调地进行基础设施和服务设施建设，营造出良好的城市环境，集聚人气，提升自身形象和吸引力，减少对老城区的交通负荷，促进园区持续健康快速发展。开发区对外交通条件的改善，可以引导地域城市化空间的有序发展和合理地域空间结构的形成，促进开发区与周边相邻城区的社会、经济、空间联系。将开发区对外交通系统纳入区域综合交通体系中，做好与城市的公路、轨道交通的衔接，强化与城区及区域交通之间的联系，以便更好地发挥开发区与周边的联动效应。

（2）中观层面。

随着开发区的发展演进，其产业选择和功能布局结构都处在不断的调整和优化中。在产业选择方面，要优化主导产业，构建科学合理的产业结构体系，形成产业集群，培育地方创新网络，同时，要完善生产性服务业和生活服务配套设施，提升园区的综合功能和城市竞争力。在空间布局方面，实现生产空间和生活空间的平衡和融合，倡导功能混合的组团式布局模式，形成若干有明确主导功能、特色鲜明又能兼备完善配套设施和多元化功能、相互独立的混合组团，结合方格网状的道路系统，构建灵活、高效、多元、兼容的城市形态格局。在城市化方面，园区内产业发展与城市发展相互依托、相互促进，以产业的集聚发展实现人口的集中，为城市化提供基础支持，又以城市的服务功能为产业发展、人口集中创造条件，实现产城融合，构建复合型城市功能区。

功能复合的实现涉及不同尺度的空间规模，规模过大或过小，都会影响区域的整体效益，因此，可以构建适度规模的"产城一体单元"，也就是在一定的地域范围内具有主导产业或功能，并配套相应的居住及公共服务设施，从而形成的具有综合功能地理单元。

（3）微观层面。

在微观尺度上，要改变工业区原有的单调冷漠的物质景观，创造丰富多元的环境氛围。要着力于塑造园区活力，强调土地利用的复合性和开发模式的综合性，形成足够的空间密度，构建丰富的公共空间和交往空间，提升空间环境的文化内涵，实现园区功能的多样化。

借鉴居住社区的理论和模式，采用工业社区模式进行开发建设。以1~2平方公里为基准用地开发单元，由主干道围合而成，包括70%~80%的工业用地和20%~30%的配套服务设施用地。和其他城市社区一样，工业社区具有社区在地域、人口、社会心理、社会组织和公共设施等方面的基本特点：①有一定的地理位置和地域范围；②有相对完善的基础设施，能够满足企业生产的需要；③有相应的工业企业及为工业企业服务的异质性人群，这些人群拥有不同的知识层次和文化背景；④有活跃的工业经济活动及与之相辅的其他经济活动；⑤企业间有着相互的交流与合作，聚居的人群有着某种共同的利益和凝聚力，企业和人群均按照一定的秩序共同维护社会的正常运转。工业社区的开发模式是开发区快速具备城市基础功能比较现实的模式，并且符合中国的传统文化和现阶段的发展实际。单元之间互通有无，每个单元以通畅的交通流将社区中心和通往开发区城市中心的交通干线相连接。工业运输的交通流应当禁止穿越社区中心，并尽量避免和社区中心的交通流互相影响。工业社区单元就如一个个排列的有机组织，通过毛细血管、血管和心脏保持着健康的联系，社区中心和开发区城市中心进行物质和信息的交流形成一个具有活力的生命体。由此，整个开发区在城市空间上就形成了功能分级的空间网络，从而有效地提升城市空间的活力。工业社区单元可以实现单元开发和片区开发的灵活性，实现园区空间的滚动开发和有机生长，进而协调、控制园区整体空间结构和景观格局。

在空间尺度和环境上追求舒适性，注重步行空间的建设，对人行道、广场、公园等公共空间进行系统安排，为产业职工、技术人员和管理人员等的不同阶层的交往与交流提供相应的场所，以形成良好的社会网络结构。提高对园区的环境质量和生活质量的关注，根据区域的自然、历史、文化因素，发掘自身特色，塑造出具有地域文化内涵的城市空间，体现出对自然环境和社会人文的尊重。

7.4 广州开发区的空间转型与重构

7.4.1 从开发区整体层面

广州开发区从建立起，一直是广州产业发展的基地，引领着城市向东扩展。其自身从孤立发展的西区不断扩大，形成一个开发区群落，带动了周边地区的整体发展和城市化进程，推动了开发区与行政区管理体制的深度融合。当前在新的时代背景下，广州开发区是实现广州高质量发展的重要载体，推动区域协调发展的重要动力，实施创新驱动发展战略的重要平台，发展更高层次开放型经济的重要高地。随着科技创新、智慧城市等的规划引导和产业升级不断的推进，开发区将发展为广深科技走廊和粤港澳大湾区建设的重要支点。

一方面，广州开发区要结合黄埔区高度融合的体制优势，不断改善与中心城区、机场和粤港澳大湾区重要节点城市的交通条件，加强其交通联系，明确自身的功能定位和优势，在区域协调发展中发挥重要作用。另一方面，结合创新驱动的新时代发展战略，广州开发区要突出知识城、科学城的引领作用，加强这些创新型科技园区的联系和分工合作，打通交通联系通道，完善公共服务配套设施，推进产城融合，提升城区的环境品质。广州市提出以中新知识城、科学城和国际生物岛（"两城一岛"）为核心，集聚知识创新要素，努力建成高端高质高新产业集聚区和知识经济的新高地，着力构建信息技术、生物医药等高新产业体系。这些发展策略为广州开发区的创新升级发展提供了空间保障。

7.4.2 从各分区层面

新黄埔区的成立为广州开发区在更大的区域范围内统筹空间布局、整合资源、优化空间格局提供了基础和保障。广州开发区可以在更大的空间范围内进行产业布局和空间优化，集约利用土地，针对不同的园区采取差异化的政策，实现产业升级、置换和用地更新。新黄埔区大致分为三大板块，即北部的知识城板块、中部的科学城板块和南部的临港经济区板块。

对于知识城板块，《广州总体规划（2017－2035年）（草案）》提出，以广州知识城为中心的创新组团被定位为国际科技创新枢纽，成为广州除主城区之外的三个枢纽之一，是黄埔区最重要的增量建设空间。知识城板块始建于2011年，是在"创新驱动"战略背景下开发区发展战略性新型产业的新载体，是国家级的双边合作项目，发展目标为具有全球影响力的国家知识中心，粤港澳大湾区知识创造示范区。利用优越的生态环境，知识城在规划建设方面一直遵循着高标准、高起点，致力于打造高品质、智慧型、绿色低碳、宜业宜居的城区环境。在知识城的空间发展方面，要在发展定位和规划的引导下，顺应南北狭长的带状谷地特征，构建沿谷地南北向拓展的城市骨架，满足知识城与空港经济区、广州中心城区及大学城等重要城市功能节点的便捷联系和顺畅交流，形成"井"字形快速交通骨架，同时，完善不同类型主导功能的产业圈，构建不同类型的产业服务中心。结合开发建设时序，实现土地的节约集约利用和土地使用效益的最大化。对于知识城外围远期用地，在充分保护知识城的生态空间、构建生态安全格局的前提下，对村庄建设用地和生态资源进行充分利用，达到生态价值最优化的目标。

对于科学城和周边园区板块，继续加大对创业创新项目、高新技术产业的吸引力度，以高科技制造业为主导，配套发展高科技第三产业，并完善公共服务配套设施，成为产、学、住、商一体化的多功能、现代化新型科学园区。2019年科学城提出扩容发展，将空间范围扩展到145平方公里，进一步整合周边地区，解决周边的永和工业区、云埔工业区、长岭居等片区发展不平衡不充分的问题，打造具有国际影响力的中国智造中心。在此基础上，要推动传统工业园区的升级改造，促进工业用地、仓储用地的二次开发，鼓励从单一工业用途向特色园区和创新型产业功能混合开发转型。通过旧厂房更新改造，发展创新型产业、居住、商住和服务功能，配套科学城的产业发展。将零散的旧厂房逐步向生态和配套服务功能方向改造，位于生态控制线范围内的应进行生态功能修复或整治。对于一些重点园区如云埔工业园，现状以工业、物流业等用地为主，要按照转型升级、产城融合、生态安全的理念，采取组团式用地布局，梳理内外交通组织，强化生态隔离，发展高端制造、现代物流和配套居住，成为先进制造业园区和黄埔智造创新带的重要组成部分。对于周边的居住社区，加大城市更新改造的力度，改善城区环境品质。

对于南部的临港经济区板块，除了重点发展航运服务、现代物流等生产性服务，提升港口功能外，要按照广州第二中央商务区的建设要求，吸引创新型和综合型产业项目入驻，丰富临港经济区功能。同时，结合整个东部沿江滨水区的整体规划，优化南部板块的空间发展和功能布局。对于最早开发的西区，要通过地铁、道路改造等工程，加强其与广州中心城区的交通联系，推动原有工业产业的升级改造，建设商业服务等综合性服务项目，完善公共服务配套。

第8章　开发区转型以河南产业
集聚区为例

由于我国地域发展的不平衡，东部和中西部、依托大城市和小城市的开发区发展都有很大的差异性。河南省地处我国中部，在20世纪80年代改革开放、吸引外资、建立开发区的竞争中没有优势，发展势头也明显不如沿海地区，很多开发区、工业园区内目前还存在大量已征未建的闲置地，土地利用效益普遍较低。进入21世纪以来，特别是在国际金融危机影响下，国内的产业转移给河南省的开发区、产业园区发展提供了难得的机遇。目前河南在体制上和政策上与沿海地区的差距正逐步缩小，而区位、成本、市场等方面的优势不断凸显，因此，招商引资工作取得了重大进展。富士康企业落户郑州航空港区就是一个典型的例子，而且还吸引来了30多家的配套企业。2010年，河南省提出了依托原有的开发区和工业园区，设立175个产业集聚区，充分发挥其筑巢引凤功能，高水平策划积聚区招商概念，按照"大项目—产业链—产业集群"的思路，以"区中园"建设为切入口，引导产业关联度大、成长性好的项目向产业集聚区集中，积极承接发达地区链式和集群式产业转移，促使招商引资、项目建设、产业发展同步推进。

产业集聚区是在全球金融危机导致产业转移、地方经济面临转型的背景下政府主动构建的。产业集聚区是以若干特色主导产业为支撑，产业集聚特征明显，产业和城市融合发展，产业结构合理，吸纳就业充分，以经济功能为主的功能区。它是相互关联的产业或者企业根据自身发展要求，结合区位选择集聚在城市空间特定区位的产业组织实体，是产业发展的新型空间载体。与传统的开发区（含各级各类产业园区、工业园区）相比，产业集聚区的内涵更加丰富，主要包括：企业（项目）集中布局，产业集群发展，资源集约利用，功能集合构建。

产业集聚区的建设目标是成为发展现代制造业的集中区、吸引投资创业的集聚区、机制改革的先导区和循环经济的示范区。产业集聚区不仅强调产业发展，应以"产城融合"为推进产业集聚区开发建设的核心理念。产城融合是产业功能和城市功能的融合，产业空间和服务空间的复合，是产业转换、产业结构高级化的必然趋势。产业集聚区具有明显的四个功能：打造新的发展增长极，促进现代产业体系建立；以"产"带"城"，加快城镇化进程；以产业集聚构建自主创新体系；通过规模效应，实现污染集中治理、土地集约利用。

因此，产业集聚区实际上是从政府层面对开发区、工业园区转型升级发展的推动和安排。大多数产业集聚区是依托开发区和工业园区进行建设的。针对产业集聚区的相关研究，主要为产业集聚区的背景、内涵、主导产业选择、产业集群能力建设、创新网络支持系统建设、配套设施完善、产城融合、推进城市化等方面。

本章结合河南省产业集聚区的建设，探讨从开发区到产业集聚区的转型，并针对河南省产业集聚区建设的问题，提出相应的对策建议，并结合产业集聚区的具体案例进行分析。

8.1 从开发区到产业集聚区

8.1.1 产业集聚区的内涵

所谓产业集聚，就是在一个适当大的区域范围内，生产某种产品的若干个同类企业、为这些企业配套的上下游企业以及相关的服务业，高密度地聚集在一起。产业集聚是在市场经济条件下工业化进行到一定阶段后的必然产物，是产业竞争力的重要来源和集中体现。其实，产业集聚的现象由来已久，其作为一种典型的经济活动空间现象一直是经济地理学、产业组织学、社会经济学等众学科的重要研究内容。在我国，各级各类的开发区、工业园区、高新区都存在着产业集聚现象，理论界进行了大量的理论和实证研究。近几年来，地方政府逐渐认识到产业集聚在推动地方经济发展和推进城市化方面的重要作用，积极扶持建设产业集聚区。以河南为例，为了实现跨越发展和促进中原崛起，河南省明确提出，产业集聚区是优化经济结构、转变发展方式、实现集约发展的基础工程，是构建现代产业体系、现代城镇体系和自主创新体系的有效载体。截至 2008 年 12 月，在全省范围内依托已有的各级各类开发区、工业园区确立了 175 个产业集聚区。为更好地促进产业集聚区的建设和发展，河南省政府出台了《关于加快产业集聚区科学规划科学发展的指导意见》《关于加快产业集聚区科学发展若干政策的意见》，并全面铺开了产业集聚区的总体发展规划工作。

与传统的开发区（含各级各类产业园区、工业园区）相比，产业集聚区的内涵更加丰富，它是以若干特色主导产业为支撑，产业集聚特征明显，产业和城市融合发展，产业结构合理，吸纳就业充分，以经济功能为主的功能区。其基本内涵主要包括：企业（项目）集中布局，产业集群发展，资源集约利用，功能集合构建。因此，产业集聚区将最终发展为以经济功能为主的新型城区，成为城市化、工业化的主要载体。正确理解和把握产业集聚区的科学内涵，必须把握好以下几个关键点：

其一，产业集聚区要突出"关联"。产业集聚区与传统工业园区、开发区的根本区别就在于区内企业是否有关联，这也就是说产业集聚区不是企业和产业简单的集中。传统工业园区、开发区只是要求企业在空间上的集聚，解决了企业的集中发展问题，没有注重入区企业的关联性，受此限制，传统的工业园区、开发区很难形成产业集群。而产业集聚区则有指定的特色主导产业，既要求企业在空间上的集聚，又要求这些企业具有产业关联性，区内还要有相关的支撑企业、机构，以较完善的组织方式在一定空间范围内的柔性集聚。只有如此，入区企业才能形成有机的联系，才能形成有机组合的产业集群。所以，从这个意义上讲，产业集聚区是更高层次的园区。从产业集聚区本身来讲，就是产业集群的所在地或载体，核心特征是要发展产业集群，所以要求企业之间相互联系。也正因为如此，产业集聚区不仅仅限于工业，还可以是农业、服务业或是第一、二、三产业相互链接、复合发展的特色产业园区。

其二，产业集聚区要推进"集中"。改革开放以后，我国大力发展商品经济，确实取得了举世瞩目的成绩，但也走了不少弯路。其中一个很大的问题是生产力没有很好地集约化布局，企业布局无序散乱，既没有按照一定的关联性把企业集聚在一起，也没有把产业的发展和城市的发展有机融合起来。在东部地区的工业化起步阶段，"村村点火、户户冒烟"的乡村工业化道路曾经是一种经验，然而，时至今日，这种星罗棋布式的工业化模式使得污染源分布甚广，如何治理农村污染成了难题。因此，河南省作为后发地区，一定要利用好后发优势，在规划上坚持科学化、全局化，留足充分的配套空间满足未来工业集中发展需求，明确项目分布的功能区，为不同规模、不同类型的项目提供相对集中的适宜场所；全力推进基础设施建设，为投资者营造一个良好的发展环境，充分发挥基础设施对项目投资的承载作用；从单纯引进企业、引进项目向形成产业链、做大做强产业转变。要按照科学发展和增强竞争力的要求，避免走一些发达地区走过的弯路，通过产业集聚区建设，统筹考虑区域产业结构和产业布局，促进优势产业、关联企业和相关保障要素集约建设，以实现生产力的集中布局，促进资源的集约利用、污染物和废弃物的集中治理和综合利用，降低经营成本、增强竞争力。

其三，产业集聚区要"集约"发展。"集约"就是通过技术进步和改善管理，提高生产要素的质量和效益来实现经济增长，它要求在人力资源利用上不断提高劳动生产率，不断提高科学技术在经济增长中的作用；在物质资源利用上不断降低物耗水平，不断降低产品成本；在财力资源利用上不断提高投资收益率和资金使用效果。也就是说，通过科学合理地布局生产力，用最小的资源产生最大的效益，用同样的资源代价、资本代价来产生最大的效益、最大的产出。在生产要素组合方式上，与粗放式模式相比，集约化发展最主要的特点是要素组合的集结、协调和优化，粗放式组合是"外延扩张"，集约化组合则是以提高效率和效益为要求的"内涵增长"。目前河南资源环境约束矛盾日益突出，在建设产业集聚区过程中，必须通过提高投资强度，节约土地资源，发展循环经济，来实现土地、资金、人才、信息、装备和服务设施的集约高效利用，以较少投入获得最大产出，通过降低成本、提高效率、增强竞争力。因此，产业集聚区建设一定要体现发展方式的转变，真正体现"节约、循环、复合、紧凑"理念，实现集约化发展。

其四，产业集聚区要功能"集合"。"集合"理念包含两层意思：一要体现"产城一体"。要依托城镇发展产业，依托产业兴建城市，完善城市功能，促进产业发展。世界上很多城市都是根据产业发展而发展起来的，我国也有很多依托城市发展产业以及依托产业兴建城市的范例。有的是因产兴城，比如大庆市、濮阳市因石油而建，平顶山市因煤而建，三门峡市因水利枢纽而建。有的是通过建设城市吸纳就业、发展产业，比如深圳、北京、上海、苏州等，是先发展城市，然后兴建产业。从城市发展的角度来看，"产城一体"指的是产业集聚区的产业功能要与城市功能融合起来，充分利用城市的集聚功能和城镇化的经济效应，以获得事半功倍之成效。产业的发展要与城市发展相互依托、相互促进，以产业的集聚发展实现人口的集中，为城市化提供基础支持，又以城市的服务功能为产业发展、人口集中创造条件。二要推动企业生产生活服务的社会化。在企业内部功能上，可以通过社会化把企业自身独立承担的事情分离出去。比如，原材料和零配件供应、仓储物流、职工公寓、食堂餐厅、职工培训等都可以通过市场第三方服务、社会化运作。在企业外部条件上，可以通过把金融、环保、供排水等外部服务功能统一起来为多个企业服务。

总体来说，产业集聚区呈现出复合性、创新性和带动性等特征。产业集聚区的复合性体现在产业集聚区作为一个多元载体，是现代城镇体系、现代产业体系和自主创新的载体，是产业、城市发展的空间载体。产业和各类配套设施应融合发展，要加强基础设施和公共设施建设，完善产业配套体系和现代服务体系，促进第二、三产业协调、互动发展，提高产业支撑和人口集聚能力。产业集聚区的创新性体现在要通过产业集聚，实现集约化发展，达到节约资源、集中治理污染、推进自主创新的目的，最终实现发展方式的转变，成为提升所在城市产业竞争力和综合竞争力的全新载体。产业集聚区的带动性体现在要通过产业集聚，产生"滚雪球"效应，实现人口聚集，推动城镇化，扩大消费需求，拉动经济增长，实现所在地区的跨越式发展。

8.1.2　从开发区到产业集聚区的转型

根据产业集聚区的内涵和当前河南省开发区的建设情况，开发区转型发展为产业集聚区将是一个长期的过程。通过对开发区和产业集聚区进行比较，从功能定位、产业选择、发展模式、规划布局等方面分析由开发区向产业集聚区转型的方向和趋势。

（1）开发区与产业集聚区的比较。

开发区是在我国改革开放以后吸引外资、引进技术和管理经验、增加出口的背景下产生的。在国内资金短缺、体制相对陈旧的情况下，依靠政府的财政和国有大中型企业带动地方经济发展异常困难，而基于国家的改革开放优惠政策、利用外资发展外向型经济来带动本地经济成为很多地区的选择。经过 30 多年的发展，开发区的分化已经明显地表现出来，开发区效益较好与浪费土地严重的情况并存。2004 年，我国对各级各类开发区遍地开花、大量占用耕地和土地浪费严重的情况进行了力度较大的整顿，撤并了很多开发区，而一些大型开发区依然在不断地加大招商引资力度，不断地进行空间拓展，保持着强劲的发展势头。河南省地处内陆，其开发区招商引资、土地开发和项目建设情况与沿海地区存在很大的差距，开发区还存在着一些土地闲置、效益低下、配套设施不完善等问题。

产业集聚区是在全球金融危机导致东部沿海地区产业转移、地方经济面临转型的背景下由政府主动构建的。产业集聚区是指相互关联的产业或者企业根据自身发展要求，结合区位选择集聚在城市空间特定区位的产业组织实体，是产业发展的新型空间载体。建立产业集聚区的目的是通过产业集聚发展，带动第三产业和服务业的发展，推动城市化进程，最终实现产城融合。加快产业集聚区开发与建设，能够聚集优势资源，调整和优化工业布局，培育企业集群和块状经济，延伸产业链，形成规模优势，提高社会资源利用率，推动经济增长方式转变，促进劳动力转移，拉大城市框架，增强城区经济的辐射带动功能。

如表 8-1 所示，通过对开发区和产业集聚区的对比分析可以发现，两者建立的时间和背景不同，肩负的使命也不同。与开发区相比，产业集聚区具有更丰富的内涵，它是新的背景下地区经济转型升级和科学发展的示范区，本质上是工业化带动城镇化，或者说是城市新区开发的一种模式。

表 8-1　开发区与产业集聚区的对比分析

	开发区	产业集聚区
建立时间	20 世纪 80 年代	21 世纪以来
建立背景	改革开放，外资进入	国内不同地区产业转移、经济转型
发展定位	"三为主、一致力"：吸引外资为主，发展工业为主，出口创汇为主，致力于发展高新技术产业	"四集一转"：企业（项目）集中布局，产业集群发展，资源集约利用，功能集合构建，人口向城镇转移
发展目标	以工业为主的新区	产城融合，产业新城

（2）从开发区到产业集聚区的转型。

我国的开发区经过 30 多年的发展，走过了不同的发展阶段。对于中西部的开发区来说，其区位条件、政策环境和综合竞争力与东部沿海存在较大的差距，在吸引外资、引进大型企业方面明显落后于沿海地区，因此当前在土地开发、功能完善等方面还有很大的发展空间。特别是进入 21 世纪以来，外资的超国民待遇趋于结束，政策优惠的时代也将终结，以引进外资为主的开发区面临着生存环境的巨大变化，中西部地区的开发区也面临着新的问题和发展思路的调整转变。

经过多年的发展，我国很多开发区规模扩大，人口集聚，但基础设施和服务设施建设还比较滞后，因此，应该完善开发区的城市功能，聚集人气，创造良好的城市环境，减少对老城区的交通负荷，从而产生更大的经济效益，使开发区保持快速的持续发展。而这些与产业集聚区的"功能集合构建"完全一致，发展为以经济功能为主的新型城区是产业集聚区发展的最终目标。从产业方面来看，很多开发区经济结构单一，缺乏稳定性，因此要重视各种类型资本的入驻，培养根植性产业，做大做强本地产业链条，培育地方创新网络。这种产业发展的转变与产业集聚区的"产业集聚发展"一致，强调着重发展若干特色主导产业，依据专业化分工协作和规模经济的要求，延长产业链条，搞好配套产业，形成围绕主导、骨干企业的有机联系、有机组合的产业集群及企业集团；从发展模式看，很多开发区自成一体，相对独立，与所在地区和城市的产业、人口、空间结构等方面的联系和互动很少，因此从政策体制、社会环境和生产力系统等角度看开发区都可谓是"孤岛"。随着竞争的加剧和跨国资本的强流动性，开发区要走出"孤岛"，与周边地区和母城的一体化发展，加强与周边地区的联系，发挥城市化的功能，推进人口向城镇的转移。这一点与产业集聚区"产城一体，产城融合，推进城市化"的内涵完全一致，产业发展与城市发展相互依托、相互促进，以产业的集聚发展实现人口的集中，为城市化提供基础支持，又以城市的服务功能为产业发展、人口集中创造条件。因此，可以按照产业集聚区的内在要求和建设目标，对原有的开发区、工业园区进行转型升级，促进其可持续健康发展。

河南省政府出台的《关于加快产业集聚区科学规划科学发展的指导意见》中提出，开发区、专业园区做大做强后可以发展成为产业集聚区，在产业集聚、资源集约利用、功能集合构建、推动城市化方面具备了产业集聚区的内涵，集聚区的相关服务配套体系得到完善、社会事业发展到一定程度后，即可享受城市新区相应待遇。

产业集聚区建设对于提升城市和区域的产业竞争力，促进其向现代工业社会转型具有重大意义。基于目前产业集聚区大多数是由各级各类开发区转型而来的现实，要认清其目前发展的现状，总结其发展的经验教训，要循序渐进、因势利导、因地制宜地实现产业集聚区的健康、持续发展。

8.2 河南省产业集聚区存在的问题与对策

目前河南省的产业集聚区总体还处于起步阶段，还存在一些问题，如主导产业规模小、布局分散、地区发展不平衡，产业集聚发育程度低、产业链条不完整，技术创新能力薄弱，企业间缺乏有效的交流和合作等。产业集聚区的发展关系着全省经济结构的转型和经济发展方式的转变，关系着工业化和城镇化的进程。下文对河南省产业集聚区发展的问题进行分析，并提出相应的对策建议。

8.2.1 河南省产业集聚区发展建设存在的问题分析

（1）产业集聚区的功能定位不清晰。

目前，河南省的很多产业集聚区还存在功能定位不准确、不清晰的情况。产业集聚区是现代产业升级的产物，更加强调结构合理、配套完整、集群发展，体现大企业和中小企业的组合、不同产业的继承和延伸，生产与销售、服务、职工生活相融合的发展趋势。河南规划建设的产业集聚区大多位于中心城市和县城周边，主要就是要求顺应现代产业集聚区的发展趋势，按照产城融合的理念，建设产业结构合理、吸纳就业充分、人居环境优美的现代化城市功能区，以产带城，以产业集聚带动人口集聚。因此，产业集聚区的功能定位，应该是工业发展为主的综合性新城区。在安排工业项目的同时，着重加强服务业、住宅、公共设施等配套建设，改变以往重生产、轻生活，重产业功能、轻居住和服务功能等现象，将产业发展和城市功能的完善培育结合起来，从而带动产业集聚区的人气的提升，尽快实现产城融合，实现从产业集聚区到城市新区的转变。同时，要加强与老城区的联系和协调，摆脱孤岛状态，与周边地区融合一体化发展。

（2）产业集聚区的产业选择问题突出。

在河南省的很多产业集聚区建设中，很多是通过提供土地和优惠政策来吸引企业形成产业聚集的，聚集的企业数量不多，产业门类混杂，大都处于发展的初级阶段，具体问题如下：

一是在特色主导产业选择方面，有些地方局限于当前产业的发展基础，没有充分体现竞争性最强、成长性最好、关联度最高的原则，产业选择标准不高，存在盲目性、盲从性。有些地方主导产业选择过多，难以培育壮大特色产业。调查发现，大部分产业集聚区是由政府主导建立并逐步发展起来的，而市场自发形成的较少。市场自发型产业聚集区一般比政府主导型产业集聚区发展得好，如长葛大周循环经济产业园区，其中有数百家企业围绕废旧金属回收再加工，形成了较为紧密的产业关联关系，具有较强的市场竞争力。由于缺乏科学规划与合理引导，大多数政府主导型产业集聚区内产业链条短，企业间的产业关联不强，往往是以"堆"代"群"。企业仅仅是空间的集聚，而缺乏关联、配套与协同效应，缺乏从产业链角度出发的整体设计，因而无法发挥产业集群外部规模经济和范围经济的优势，如周口川汇区产业集聚区、焦作高新技术产业区、孟州市产业集聚区等。有些产业集聚区在主导产业选择方面基本上有一个明确定位，并且有了较快的发展，如沁阳市沁北工业集聚区内已初步形成有色金属、化工两大支柱产业，并已形成 16 万吨电解铝和 5 万吨高精铝板带的产能，另外 16 万吨碳素、5 万吨工业铝型材项目正在建设中。但是，大部分集聚区的主导产业发展还处于起步阶段，仅仅是确立一两个龙头企业，如长葛市城南工业集聚区的机械加工制造、高中低压电器产业等，孟州市产业集聚区内的内燃机配件、生物、化工、三轮摩托车及配件、皮草、纺织等。整体而言，这些产业集聚区的产业规模不大，集中度不高，市场竞争力不强。尤其是周口川汇区产业集聚区几乎还没有形成明显的主导产业，产业布局分散。总的来说，集聚区内主导产业带动能力不强，产业链条过短，上下游和外围服务企业配套不紧密，产业集中度较低，整体市场竞争优势不突出。

二是产业结构不尽合理。除了焦作高新技术产业区外，大多数集聚区内所承载产业多为传统型和资源依赖型产业，如食品加工、玻璃、皮革、纺织、服装、鞋业等劳动密集型行业，还有一些电解铝、钢铁等能源消耗型产业，而高新技术产业较少，产业结构不尽合理。这样，就必然导致区域产品以低端为主，产品附加值低，并且制造过程中资源、能源消耗大，污染严重，产业结构层次较低。随着资源与环境约束的加强，传统经济的粗放发展方式将面临越来越严峻的调整压力。

三是在产业融合发展方面，以单纯发展工业为主，生产和生活服务设施建设远远不能满足产业发展要求，特别是科技、人才、信息、市场等方面体系建设严重滞后，第二、三产业融合发展水平低，没有体现现代产业发展趋势。产业服务体系不完善，缺乏良好的产业发展软环境，产业集聚区内产业服务体系不完善，大多数集聚区只注重发展核心产业本身，金融、研发、营销、广告等外围服务业发展严重滞后，特别是资产评估、法律咨询、物业管理、人才培训、物流配送、会展机构等中介组织普遍缺乏，现有的中介组织也存在服务水平低、质量差等缺点。因此，产业发展的软环境不佳，不但大大降低了产业集聚区的吸引力，也导致了产业集群的整体竞争力不高。

四是在产业协同发展方面，一些产业集聚区仅仅是解决了企业集中发展问题，对完善产业链条重视不够，企业之间的关联性较弱，缺乏专业化分工协作和密切的经济联系，没有形成集群链式发展的有机群体，也没有形成创新支持网络，产业集群的升级和持续竞争能力受到制约。调查表明，由于大多数产业集聚区处于筹建阶段，产业发展起点低、规模小，在人才、资金、技术等方面实力不足。不但企业间的产业关联关系不强，而且群内企业之间的创新与合作意识淡漠，相互之间缺乏创新支持机制，知识和技术扩散十分有限。当然，集聚区内不乏创新能力比较强的龙头公司和大企业，如孟州市产业集聚区内的皮草产业，其产业龙头——隆丰皮草有限公司是一个典型的"两头在外"公司，原料羊皮来自澳大利亚，产品大部分出口国外，具有国际领先的创新能力和技术。但是，与其相邻的桑坡村数百家同类中小企业并没有因此享受到技术溢出效应。因此，众多中小企业只能是模仿多于创新，缺乏产品、设备、经营方式和技术升级的更新动力和能力，技术水平偏低，自主创新能力弱，从而在整体上严重影响着产业集群的升级和持续竞争能力的提高。

各个产业集聚区要因地制宜地明确发展重点，确定特色主导产业，避免无序竞争和产业同构、重复建设的现象。在产业集聚区内，围绕主导产业，按照"竞争力最强、成长性最好、关联度最高"的原则选择引入并着力发展与主导产业关联度高的产业。在壮大特色主导产业的同时，结合河南省的地区优势和资源优势，积极谋划建设一批关联度高、辐射力大、带动力强的龙头型、基地型项目，将吸引外资、承接东部沿海地区的产业转移与发展本地特色产业相结合，将外生性产业和内生性产业相结合。加强产业集聚区的专业化分工和产业链延伸，促进产业集聚区加快发展。

（3）发展方式比较粗放。

一是在节约集约利用土地方面，部分集聚区为加快发展，对一些重大项目不计成本地供地，造成项目投资强度过低，浪费了大量宝贵的土地资源。有的地方不按照投资强度供地，入驻企业征用的土地大量闲置，仅建设少量的单层厂房，存在企业圈地行为。二是在生态环境保护方面，一些产业集聚区污染治理设施建设滞后，不能满足企业集中治污的要求。个别地方不顾区域环境容量指标限制和城市发展空间要求，盲目发展不符合环保政策的项目，甚至引进一些应远离城区的三类工业项目，缺乏绿色发展理念。三是在资源节约利用方面，多数产业集聚区没有按照发展循环经济，建设生态型园区的要求，优化集聚区物流，实现资源利用最大化和废弃物排放最小化。部分企业技术、工艺、设备还比较落后，资源能源利用效率不高，副产品和废弃物的资源化利用不够。要对现有的产业集聚区进行清查摸底，对土地闲置情况进行调查，坚决纠正土地浪费的现象，促进土地集约利用。在引进企业时，尽量使科技含量高，污染少、能耗低的企业优先进入园区，在提高经济效益的同时，也提高了生态效益和社会效益。

（4）空间规划布局模式和空间环境急需调整和改善。

产业集聚区在功能布局和用地组织方面，仍然表现出早期的园区功能分区严格风格，规划中采用大面积的和模块化的功能分离手法较普遍，如生产与生活功能严格区分；地域分工明确，专业化强；用地的匀质性显著。地域功能专业化的清晰结构必然使园区内不同地区的用地承担差别明显的功能，形成匀质地域，表现出很高的匀质度，较少考虑人的生活需求，不重视软环境的建设，许多园区在生活设施、社区文化建设方面严重滞后。用地规划仅停留在物化功能的组织层面，缺乏对所处地域的自然条件、人文环境的深入研究和理解。

（5）产业集聚区管理体制机制创新不够。

产业集聚区不同于传统的工业园区，以传统的管理理念、管理方式来推动产业集聚区的发展势必会产生一定的冲突。产业集聚区的管理更加强调科学性、综合性、系统性，更加强调政府的引导作用，当前，在产业集聚区管理机构的规格、内设机构和人员编制设置上，有些地方没有体现"小机构、大服务"和"精简、统一、高效"的原则，脱离了当地经济实力和发展状况。有些产业集聚区投资主体单一，没有形成市场化运作方式，开发机制不健全，吸纳国内外资本和民营企业投资的能力不强。多数产业集聚区的医疗、就业、养老保险等服务机构还不健全，社会化、市场化服务体系有待进一步完善。

部分产业集聚区，尤其是县域内的产业集聚区虽然具备一定的经济管理权限，但与相关部门职能交叉，在行政区划和责任权限上，与所在乡镇之间存在多头管理、职能不明、职责不清的问题，产业集聚区对区域范围内隶属于其他乡（镇、街道办事处）的村庄大都只有协调权，没有决策权，导致工作效率较低，影响了产业集聚区的发展。

8.2.2 促进河南省产业集聚与城市化协调发展的政策建议

由于产业集聚系统本身存在缺陷以及自由市场的失灵，使得一些地方产业集聚效益差，产业集聚区有名无实，城市化的质量不高，阻碍了产业集聚和城市化的良性互动，因此，要发挥地方政府的作用，加强制度建设，为产业集聚和城市化提供有效的制度安排，创造良好的环境，促进两者的健康发展和实现良性互动。

（1）以推进产业集聚为重点，加快工业化进程。

目前，在国民经济市场化、一体化和全球化条件下，地区之间的竞争不单是单个企业、单个产业之间的竞争，而是产业群之间的竞争。因此，应紧紧围绕主导产业，培育具有国家级甚至全球级竞争优势的产业群，实施产业群导向的中部崛起战略，这也是承接东部沿海和海外经济产业转移的载体和基础。一是制定政策引导产业向城市集聚。解决建设用地紧张矛盾，培育产业集聚发展新机制，努力化解产业集聚过程中存在的资源障碍、体制障碍、管理障碍等问题。重点招商引进产业链上的龙头大企业，通过产业链延伸，积极鼓励其就地配套生产，或从外地吸引企业到本地办配套厂，或直接与本地企业建立配套扩散关系。对于外地到本地办配套企业可在厂房用地上给予优惠；对与本地企业建立配套关系，其配套企业可同等享受外商优惠。分类引导和培养本地产业集群，对现在已有一定雏形的产业集群给予政策特殊扶持，加以培养，形成一批产业链联系紧密的企业群体，以壮大本地产业经济。二是依托产业集聚区发展产业集聚，扩大城市规模。按照现代化产业生产的要求，充分利用园区配套完善的基础设施，发挥聚集效应，把产业链紧密联系的企业汇聚到园区，以便于统一生产调度，监控质量，规模集约化生产，共享市场信息。三是打破行政壁垒，推动产业集聚，加强城城联系。目前，一些地方的产业集聚与城市化进程仍受现行体制的不合理制约，有的产业集聚区成了行政对垒的"阵地"，划界布局，相互吸引对方企业，争夺对方资源，拦截本地资源和要素的外流。要打破市场壁垒，整合城市群区域内要素市场，尤其是土地、资本市场，实现资源共享和优势互补。不断扩大区域经济一体化的规模和范围，为企业提供更多的生产要素选择面和更广阔的产品市场，利用市场力量促进产业成长。积极鼓励区域间的经济、科技、社会、文化等领域的交流和合作。广泛开放各类市场，促进城市和区域的分工、协作及专业化产业集群的形成。

（2）以产业集聚区建设为载体，推进产城融合。

加快产业集聚区开发与建设，能够聚集优势资源，调整和优化工业布局，培育企业集群和块状经济，延伸产业链，形成规模优势，提高社会资源利用率，推动经济增长方式转变，促进劳动力转移，扩大城市框架，增强城区经济的辐射带动功能。

要按照产业集群化发展思路，合理规划，调整政策，重点突破，加大支持，推动集聚区产业集群和产城融合战略的全面实施。

一是科学规划，优化集聚区产业集群发展的软硬环境。完善相关优惠政策与措施，营造良好软环境。地方政府应根据产业集聚区发展阶段和产业特点，对产业集群区的布局规划、入驻条件、土地使用、税费减免、信贷支持、资金引导等方面进行倾斜，为本地企业家的创业和外地企业家的投资创造良好的环境，积极引导资金、技术、劳力、管理等要素向产业集群化方向集聚。加强基础设施建设，优化硬环境。采取政府与市场互动模式，以政府投资带动民间投资，共同加大区域基础设施投资力度，同时，引入竞争机制，基础设施服务采取市场化运作，为集聚区内企业提供优质基础设施运营环境，以更好地吸引企业入驻。

二是因地制宜，根据地域特色选择和培育适合的主导产业和龙头产业。首先，既要发挥地区资源禀赋和一定历史基础的区位优势，利用生产成本效应和循环累积因果效应促进产业的集聚，也要考虑各个区位和产业的未来发展趋势与潜力。如长葛市大周镇的再生金属产业和孟州市桑坡镇的皮草产业等都是基于历史基础形成的主导产业，而长葛市的食品加工产业和项城市的制鞋业等充分发挥了区域资源禀赋。在主导产业基础上，扶持龙头企业，可以更好地带动产业聚集。要积极引进和培育关联性大、带动性强的大企业、大集团，发挥其辐射、示范、信息扩散和销售网络的产业龙头作用。引导社会资源向龙头企业聚集，提高龙头企业的核心竞争力。鼓励龙头企业将一些配套件及特定的生产工艺分离出来，形成一批专业化配套企业，提高龙头企业在一定区域范围内的配套率。发挥龙头企业的聚集带动效应，逐步衍生或吸引更多相关企业集聚，通过企业之间的聚集效应降低综合成本，增强竞争优势。在创造地区品牌方面，要大力实施品牌战略，重点扶持高技术含量、高附加值、有市场潜力的名牌企业。

三是合理引导，加强集聚区内企业的产业分工与协作。要分阶段制定合理的引导措施，促使产业集群向规模化、专业化、协作化方向发展。扩大产业群规模，努力实现规模经济。在加强基础设施建设的同时，积极推动城市化进程，加快生产要素和产业链聚集，增强区域产业自身实力和辐射强度，加速产业集聚。要努力提升专业化水平，走具有竞争力的本地特色产业之路，充分利用当地特有的专业技术、人文与体制环境及基础条件，真正形成产业集群自身的特色产业和品牌。要加强专业化分工基础上的协作关系，拉长产业链条。可以采取多种政策与措施，鼓励集聚区内或当地企业之间的专业分工与合作，促使区域产业间的技术经济联系，甚至在产业引进时就进行产业链的整体或部分移植。最终建立一个具有有效分工与协作的产业网络体系，通过聚集经济与乘数效应带动区域内相关产业的发展，提升集聚区产业发展水平。

四是强化服务，完善产业集群化发展的支持体系。产业集聚区实质上是一种网络经济组织形式，由于其经济行为植根于一定区域网络和制度之中，所以具有较高的产业效率和竞争优势。基于当前河南产业集聚区发展实际，在这方面应该重点做好如下工作：首先是按照产业集群化发展要求推进区域产业服务网络体系建设。努力改善集聚区交易条件，除了健全基础设施和信息服务设施外，要逐步建立相关支撑机构和服务网络，如金融服务、物业管理、人才培训、物流配送、会展机构等中介组织，努力提升现有的中介组织的服务水平。其次是着眼于产业集群的升级和可持续竞争力提高，建立技术创新体系。基于产业集聚区的长期发展和优势提升，要构建两个技术创新平台，即全社会的公共研发平台和特色产业集群技术创新平台。提高政府对通用技术开发的投入，甚至创办大学或科研机构，鼓励产业集群同大学、科研院所联姻。围绕特色产业集群的发展选择技术攻关课题，组织行业关键技术、工艺的研究开发，为众多中小企业提供技术服务。通过建立重点产业技术创新基金，运用财政贴息、税收返还等政策手段，引导群内核心企业逐步增加研究开发投入，加大技术改造力度，加快产品的升级换代。

五是完善公共服务设施配套，吸引人口转移，推进产城融合。在产业集聚区内适当地发展房地产、商业、休闲娱乐餐饮等第三产业，适当进行新型农村社区的建设和改造，与母城相协调地进行基础设施和服务设施建设，完善城市功能，使产业发展、人口集中、第三产业发展之间形成一种相互促进、相辅相成的关系，从而使产业集聚区吸引人气，营造出良好的城市环境，提升园区城市形象，带动人口的转移，推进产城融合发展，实现城市化和工业化的协调发展。同时，进一步优化空间布局和用地组织，营造功能多元复合的城市空间，提升环境空间品质，改善生态环境，形成具有地域特色的城区环境风貌。

8.3 郑州高新技术产业开发区案例分析

8.3.1 基本概况

郑州高新技术产业开发区（以下简称郑州高新区）位于郑州市西北部，南临西流湖，北接邙山，东与环城快速路相连，西四环穿区而过，距市中心约 12 公里，南距 310 国道 2 公里，北邻连霍高速公路，距新建郑州国际航空港 30 公里，对外交通条件优越。属暖温带大陆性气候，四季分明。

郑州高新区始建于 1988 年，是 1991 年国务院批准的国家级高新技术产业开发区。在国家科技部、省、市的领导和支持下，经过 30 多年的艰苦创业，已初步建设成为基础设施配套、支撑服务体系较为完善、支柱产业相对发达、经济繁荣、环境优美的现代文明新城区，成为河南省改革开放的窗口、高新产业聚集的"中原硅谷"。1993 年、1998 年、2003 年郑州高新区先后三次被国家科技部评为全国先进高新区。2009 年，经过科技部评定，郑州高新区入选首批国家创新型科技园区建设行列。2010 年，郑州高新区被国家标准委批准为"国家高新技术产业标准化示范区"。2011 年 2 月，郑州高新区被省政府评为"2010 年度河南省十强产业集聚区"。作为 2016 年国务院批准建设的郑洛新国家自主创新示范区核心区，其发展定位为开放创新先导区、技术转移集聚区、转型升级引领区、创新创业生态区、创新创业人才密集区、科技金融创新实验区、依法治理先进区、智慧社会先行区，建成具有国际竞争力的中原创新创业中心。凭借着优惠的政策、优越的区位条件和郑州市区域中心城市的地位，郑州高新区发展迅速，用地范围逐渐扩大，经济实力日益雄厚。郑州高新区目前管理体制为"园区发展促进机构 + 经济社会全面管理"，区域管辖面积 99 平方公里，下辖 5 个办事处，总人口近 40 万，拥有各类市场主体 43000 余家。2018 年实现 GDP 350 亿元，同比增长 10.3%；实现规模以上工业增加值 88.6 亿元，同比增长 14%；实现一般公共预算收入 41.1 亿元，同比增长 12.5%。

在产业发展方面，郑州高新区努力促进科技成果的商品化、产业化、国际化，大力引进高新技术企业，注重培育有自主知识产权的优势主导产业。郑州高新区形成了电子信息、生物医药、光机电一体化、新材料四大支柱产业，开始呈现出以大项目、大企业为依托，以重点行业为龙头的快速发展局面，成为郑州市吸引外资、发展现代工业和高新技术产业、开展对外贸易的主要基地、重要的经济增长点，是推进郑州西部地区工业化、城市化的主要力量。但整体来说，郑州市高新区在全国高新区经济指标的排名还相对落后，跟一些发达地区的开发区相比还有一定的差距，还存在全区规模以上工业企业增长速度慢、企业创新能力不够强，规模企业少、上市公司数量少等很多问题。

在科技发展和创新平台方面，区内汇聚众多一本高校、8个部属院所、5个国家重点实验室、5个产业技术研究院、11个国家级工程中心、45个市级以上院士工作站、747家市级以上研发机构、564家高新技术企业、2家诺贝尔奖得主工作站和3个国家级创新团队，科技型中小企业备案1380家、各类金融机构97家、驻区院士18人，各类科技人才80000余人。2018年新增科技型中小企业备案同比增长25%；新增高新技术企业同比增长48.4%，占郑州市的42.5%。创新引领型平台方面，2018年新增市级以上研发机构同比增长35%。"盾构及掘进技术国家重点实验室"被科技部评估为优秀国家重点实验室，河南省仅此1家。创新引领型机构方面，郑州计量先进技术研究院新挂牌成立，新签约浙江大学中原研究院；新增新型研发机构3家。创新引领型人才方面，入选郑州市第三批"智汇郑州1125聚才计划"数量占郑州市的24%，居全市第一。

在创新体系构建方面，构建了"创业苗圃＋孵化器＋加速器＋产业园"的全链条创新孵化培育模式，建立郑州高新区创业中心等5个国家级综合孵化器，依托金源、腾讯等37家众创空间，为创新创业提供优质土壤，形成电子电器产业园等5个产值超百亿元的产业园区，培育了汉威电子等一批创新企业。

在管理模式方面，2018年郑州高新区实现了扩权赋能，最大限度破解体制机制障碍，解放和激发内生动力。通过"赋权、改制、考核、激励"，最大限度地打破编制身份羁绊，系统构建了新型管理服务体系、干部管理体系、绩效考核体系和分配激励体系，实现了组织架构、人力配置、团队文化、干部活力的"四个优化"。

8.3.2 高新区的发展阶段

（1）初创阶段（1988~1991年）。

郑州高新区的前身为郑州经济技术开发区，成立于1988年，是我国改革开放之后较早建立的开发区之一。建区之初,开发区的定位为:省办内陆型开发区,以发展工业为主,实行工贸结合,集中发展具有竞争能力的外向型经济,以兴办"三资企业""三来一补"企业、出口创汇及技术先进企业为主,并吸引、鼓励兴办内联企业;重点发展医药、食品、轻工、纺织、机械、电子、新型建材、深度加工等工业,力争把开发区办成河南省"技术、管理、知识、对外政策的窗口"和具有较高现代化水平的新城。可见,开发区最早的定位是一般的经济技术开发区性质,主要以吸引外资、出口创汇、发展外向型经济为主。建区之后开发区制定了总体规划,规划至2020年,面积3平方公里,总人口3万人左右,其中一期规划面积1平方公里,人口0.6万人。整体的规划布局以原中原制药厂为基础,主要向北发展,工业区与生活区平行布置,在工业区与生活区之间规划混合区。最早入驻开发区的为两家中日合资企业,分别生产螺丝钉和劳保手套。

(2)快速发展阶段(1992~2003年)。

1991年3月郑州经济技术开发区被国务院批准为国家级高新技术产业开发区。随着邓小平的"南方谈话"和一系列优惠政策的推出,郑州高新区迎来了快速发展时期。1992年,郑州高新区组织编制总体规划,规划面积扩张到13平方公里,大量的企业入驻,基础设施也快速推进,1993年以高新区的彩虹花园为代表的第一批商业设施开始建设。众多风格独特的建筑和标志性雕塑的建设,使得高新区整体环境品质不断提升,园区形象不断更新。在《郑州市城市总体规划1995-2010》中,开始把郑州高新区纳入郑州市的总体发展布局之中。郑州市城市总体为组团式布局,其中郑州高新技术产业开发区是西部须水组团重要的组成部分。

郑州高新区经过前期的建设,在形成产业、形成城区、创造一流投资环境和生活环境等方面取得了长足发展,但同时也还存在以下几方面的问题:上规模的大项目不多,名牌产品不多;高新技术项目比例不高;商业、服务业等社会服务支撑体系尚不完善,居民生活尚不太方便,没有考虑到工业区人口对第三产业的需求,即工厂区"打工族"人口对商业、服务业的需求,未能打造舒适的生活环境;基础设施保障尚不完备,外部道路体系不完善,进出高新区干道只有一个路口,严重制约了区内与市区及周边区域的外部联系;有些体制尚未理顺;空间布局和用地问题日益显现,随着向西、向北发展,村庄的拆迁改造提上日程,许多项目不愿意选址在村庄附近,影响了招商引资和有效利用土地。

面对一系列问题，郑州高新区开始转变思路，更加注重对创新环境的建设，加大引进高新技术企业，吸引大学和科研院所进入园区。在 1996 年，开发区进行了一轮规划的调整和修编，将用地面积扩展到 18.6 平方公里，规划人口 13 万人。将郑州高新区定位为以高新技术产业和外向型经济为主体，科工贸协调发展的现代化新城区。重点发展电子及微电子产业、新材料产业、生物医药产业、精细化工产业、光机电一体化产业、光纤光缆现代通信产业、新能源及节能产业和环保设施产业八大支柱产业，大力发展信息产业成为河南省及我国中部地区高新技术辐射源和高新技术工业基地。在商业服务业等第三产业配套方面，规划有两个主要的商业、金融中心，沿瑞达路形成带状公建群，并在中心部位形成一个文化娱乐中心。两个中心围绕中心广场形成高新区的核心区，周围是成片的混合用地，工业用地、大专科研用地和居住用地都集中布置。随着规划的实施，郑州高新区在 1996 年成立了第一个产业孵化器，孵化中小科技企业。2000 年，解放军信息工程大学和郑州烟草研究院进驻园区，成为郑州高新区人才智力环境和创新环境建设的里程碑。1999 年《郑州高新技术产业开发区发展战略定位（试行）》提出把高新区建设成为技术密集型和智力密集型的中原科技城的发展目标，即在具备全国高新区普遍功能的基础上，高新区要成为河南省重要的高新技术产业基地，高新技术开发、研究中心，科技成果转化中心和高新技术的辐射源，全省技术交易、技术交流、高新技术产品展示、科技信息汇集和发布、学术交流、培训中心。在此背景下，高新区从 1999 年起开始实施"一区多园"的发展战略，以园区作为企业集群发展的载体，首先建立中部软件园，发展电子信息产业。之后通过这种模式培育出新材料、光机电、生物医药、新能源和节能环保产业等支柱产业，并通过国家产业基地的认定，推动主导产业在细分的领域实现集群化发展。

　　（3）规模扩张阶段（2004～2011 年）。

　　随着郑州高新区的不断发展，大量的大学和科研院所引入和大型企业进驻，其用地空间日益紧张，开始寻求空间的扩张和发展。由于解放军信息工程大学、郑州大学等几所大学的进区，郑州高新区现行的总体规划范围内可供开发的建设用地已所剩无几，18.6 平方公里内已出让 11.3 平方公里（其中大学占 5.1 平方公里），协议出让 3.24 平方公里，扣除村庄占地 2.2 平方公里和石佛沉沙池占地 1.1 平方公里，剩余可开发土地仅有 0.76 平方公里，土地存量不足，严重影响和制约了高新区的发展。从 2001 年开始，郑州高新区管委会即开始筹备新一轮发

展规划的修编和扩充工作，经过多次反复的调查、论证，最后终于确定了高新区
67.7平方公里核心区和106平方公里控制区的方案。2002年开始，郑州高新区
管委会又在发展规划修编工作的同时，提出了近期建设用地扩充方案。2003年
初，通过借鉴郑东新区和外地的一些经验，郑州高新区管委会又提出了先行对
67.7平方公里甚至106平方公里的区域进行概念性规划的工作思路，对用地功能
布局、道路网密度及建设发展思路等问题进行有效控制，一方面可以作为郑州市
调整总体规划的重要依据，另一方面也可以对区域的整体包装和招商引资进行引
导。考虑到概念性规划对指导高新区今后发展、引导总体规划修编、招商引资等
方面的积极作用，概念性规划就扩区方案中的106平方公里控制区（东至西三环
路、南至化工路、西至西绕城高速路、北至北郊环路）进行规划控制，着重研究
核心区67.7平方公里（东至西三环路、南至化工路、西至西绕城高速路、北至
连霍高速公路）规划，并应适当体现高新技术产业的辐射功能。其中106平方公
里主要涉及中原区的沟赵乡、石佛镇、须水镇，邙山区的古荥镇；67.7平方公
里（扣除建成区18.6平方公里余49.1平方公里）重点涉及中原区的沟赵乡、石
佛镇、须水镇。在本次概念规划中，将高新区的性质定位为：以科研和教育产业
为主导，外向型为主体，规模优势明显、产业特色突出、创新气氛活跃、科技人
才荟萃的一座融科研、教育、产业、生态、文化为一体的综合性现代化生态科技
新城的总体定位。规划核心区的总人口为68.5万人，除村民人口外的城市人口
为62万。在空间结构方面，以代表高科技的"W"空间形象和代表效率的方格
路网结合生态性结构型绿带共同建构高新区的空间组织和功能布局，形成"网
维"的大空间构架。其功能布局为依托工业大道、四环路延长线及连霍高速形成
两翼高科技产业带，由旧区向西发展；内部两拓展轴之间形成科技新城隐性的生
活发展带。并在完善旧园区产业的基础上，与周边工业连片发展共同构建郑洛工
业走廊，形成郑州工业大星座的"核星"。其发展轴为高新区主要依托连霍高速
公路、城市环路这些交通发展轴进行发展，内部沿着科学大道、瑞达路及其沿线
进行拓展。其开发模式为提出"集合模块"与"小园区"的概念，对高新区的
开发模式和近远期发展提供了新的思路和可行的方法。在概念规划的基础上，进
一步编制了高新区的总体规划。规划提出了建设区域性高新技术产业示范园、河
南省和郑州市经济科技中心的发展目标。将高新区定位为全省乃至中部地区高智
力密集区、高新技术产业聚集区、新型工业示范区"三位一体"的现代化、生
态型科技新城区。规划总用地面积为89.46平方公里，可建设用地面积为63.37

平方公里。

随着规划的实施和用地的扩展，高新区迎来新一轮的大发展，众多新老高新技术企业入驻园区，园区整体创新环境不断发展，开始从工业经济的集聚区向集工业、商业、科研和居住为一体的新城区转变。

（4）转型创新阶段（2011年至今）。

"十二五"规划时期，郑州高新区提出在西四环以西新建一座"高新城"，与现有建成区、北部生态产业区、西流湖休闲创意区共同组成"高新城"，并在"高新城"核心区着力打造双湖科技城。双湖科技城的规划立足于"科技"和"生态"两大亮点，依托索河、须水河、索须河三大自然水系，以天健湖和天德湖为特色，湖心以"科创金融岛"高端商务为核心，打造"双湖环岛汇一心"的生态智慧之城。这表明，郑州高新区开始更加重视与周边地区的融合和联系，更加考虑自身在郑州市总体布局的角色，开始走向新的转型与重新发展阶段。根据2011年的《郑州高新城的空间规划》，郑州"高新城"从四大板块（高新新城、建成区、北部生态产业区和西流湖生态创意区）分别提出了相应的提升措施。"高新新城"将被打造成为"郑州高新城"的核心组团，"产城融合、宜居宜业"的示范区域。其范围包括西四环以西、杜英街以北、西南绕城高速以东、连霍高速以南约33平方公里区域。"高新城"建成区（即原高新区）将通过"腾笼换鸟"来实现升级改造。其中，第一阶段将重点对科学大道沿线进行改造，同时全面提升该区域的商业、居住、医院、教育、文化、体育等城市功能，带动建成区的整体提升。位于连霍高速公路以北的北部休闲产业区板块，将一方面通过合村并点，解决部分建设用地，另一方面通过发展现代农业、观光休闲农业、物流业，打造特色产业。而西流湖生态创意区（化工路至科学大道区域）板块将结合西流湖公园的规划建设，在公园内增加动漫内容，在高新城东南部打造生态创意园区。整个高新新城希望依托新一代信息技术产业等高新技术企业，发展金融、咨询等现代服务业，完善公共服务设施和基础设施，提升其整体的环境品质和宜居水平，成为集新兴产业、科技、创新、生态宜居为一体的郑州都市区科技创新极。

2016年，郑州高新区成为郑汴自主创新示范区的核心区，在此基础上，2018年，河南省首个开发区级的政府规章《郑州高新技术产业开发区暂行规定》出台，为高新区建设自创区扩权赋能，实现高新区管理体制和机构方面的创新发展，扩大高新区的管理权限，提出了高新区的八大发展目标：坚持创新驱动和开放先导战略，打造开放创新先导区、技术转移集聚区、转型升级引领区、创新创业生态区、创新创业人才密集区、科技金融创新试验区、依法治理先进区、智慧社会先行区，建成具有国际竞争力的中原创新创业中心。这些都为郑州高新区的转型创新发展提供了制度和体制保障。

8.3.3　高新区的空间重构

郑州高新区建立至今，从最初的 3 平方公里扩展到现在上百平方公里，其用地规模扩张的同时，空间形态和布局结构在不断调整优化，与周边地域的关系和联系、与郑州城市地域空间结构也在不断变化。高新区从一个点状空间的起步发展区，逐渐发展为郑州西部一个综合性的科技新城片区，也成为郑州市功能布局结构中的一个重要组团，对郑州市城市空间拓展和空间布局优化起到重要作用。

（1）高新区的空间发展与转型。

郑州高新区最早依托郑州西区的中原制药厂和化工厂进行建设，规划明确的工业区和生活区，两者之间有一定面积的功能混合区。早期引进的企业入区门槛低，多是技术含量低、劳动密集型企业。总体来说，其空间特征是明显的工业区的特征，功能分区明确，相互之间隔离，具有我国早期开发区发展模式和开发方式的基本特点。

1991 年，郑州开发区升级为国家级高新技术开发区，随着一系列政策的推行和国内整体环境的影响，郑州高新区迎来快速发展时期，提出了新的发展定位，将郑州高新区定位为以高新技术产业和外向型经济为主体，科工贸协调发展的现代化新城区。因此，郑州高新区开始强化创新环境建设，积极引进高新技术企业和科研院所，提高企业科技含量。本阶段郑州高新区的用地经历了两次扩张，除了大型企业的进驻，以解放军信息工程大学、郑州大学为代表的多所高校和科研机构入驻高新区，带来了大量的人口的迁移和用地的开发。为了满足不同人群的生活需求，郑州高新区开始着重建设高品质的商业、教育、公共服务等配套设施，大量的房地产企业也开始进入，高品质的住宅小区开始建设，空间环境的品质不断提升，另外其对外交通也不断得到改善。在产业布局方面，高新区开始实行"一区多园"的模式，将园区作为同类型的企业集聚发展、加强产业协作和联系的载体，培育多种主导产业。也就是说，工业企业在空间布局时，通过规划引导关联产业的集聚发展和集中布局，建设专业性的园区，推进企业集群化发展壮大。同时，为了配合园区的发展，增大了用地的弹性，完善了企业所需的创新环境建设，提升了公共服务水平，优化了公共服务配套实施的布局。因此，该阶段，郑州高新区的空间规模扩张，空间布局不断优化，空间配套设施逐渐完善，环境空间品质和园区形象也不断提升。

2004年郑州高新区开始进入规模扩张阶段。由于前期大型高校和科研机构占用了大量土地，开发区出现用地紧张，并开始寻求空间的扩张，考虑把周边的村镇纳入高新区范围统一进行规划开发，其空间范围从十几平方公里一下子扩张到近90平方公里。郑州高新区被定位为全省乃至中部地区高智力密集区、高新技术产业聚集区、新型工业示范区"三位一体"的现代化、生态型科技新城区。在此背景下，郑州高新区在更大的空间范围内进行空间布局，将大量的生态空间和农村地区纳入进来，统筹进行功能布局。空间的扩张使得高新区吸引到更多的企业入驻，高新技术企业集聚，很多城中村改造项目同时开展，大型的住宅小区和商业综合体等公共配套项目大量建设。同时，最早建区的区域也开始进行用地的置换和功能的升级改造，产城融合发展不断推进，郑州高新区从工业集聚区开始向产业、居住、科技、商业于一体的综合性城区转变。

2011年以来，郑州高新区进入到转型创新阶段。一方面，郑州高新区在自身的优化发展的同时，开始与周边地区加强联系，考虑与周边的融合发展，提出建设"高新城"，在原高新区的西侧建设"高新城"，打造"产城融合、宜居宜业"的示范区，将其定位为新兴产业、科技、创新、生态宜居为一体的郑州都市区科技创新极。将高新区与周边的北部生态产业区、西流湖休闲创意区统筹考虑，共同打造郑州高新城，加入"生态""科技""文化"等元素，提升区域整体的形象和品质。另一方面，随着创新驱动等国家战略的实施和高新区成为郑汴自主创新示范区的核心区，高新区不断创新体制机制，扩权赋能，充分调动高新区发展创新的动力和活力，营造创业创新的环境氛围。因此，本阶段高新区的空间发展主要是基于创业创新的背景和战略，除了营造创新氛围，在基础设施、现代服务业等第三产业等方面要满足高新技术企业需要，改造升级原有的服务功能，在生态环境、公共空间方面也要打造人性化的生态空间和交往空间，将创意和文化融入空间建设，建设利于创新的高品质城市空间。如2019年郑州高新区启动了双湖博物馆聚落建设项目，计划在高新新城的核心区双湖科技城打造一批高品质博物馆，提升本地区的文化功能和文化氛围。

总体而言，郑州高新区从点状发展的工业区发展到上百平方公里的综合性科技新城，其功能在不断调整完善，空间布局在不断优化，空间结构也在转型调整，适应其创新发展的定位和发展方向。

（2）高新区对城市空间的影响。

目前我国大城市工业化比较发达，经济发展已由当初的集聚增长转向了空间扩散，大城市的空间扩展有两大趋势：一是城市由同心圆环状向外扩展模式转变为轴向扩展模式；二是城市由单中心发展模式向多中心发展模式转变。前者主要是沿着城市对外交通干线等基础设施轴线发展，形成工业走廊、居住走廊或者综合走廊等城市发展轴线；后者则具体表现在卫星城建设、开发区建设及城市郊区化等。因此可以说，开发区的出现和发展带动了城市的发展模式从单中心向多中心的模式转变，也使城市的空间拓展方式从连片式向跳跃式转变。

改革开放以来，郑州市加大了基本建设的投资力度，城市建设进入快速发展阶段，城市用地规模不断扩大，建成区面积大幅度向外扩展。但总体来说，空间结构形态主要以二七广场为中心，围绕中心组团向外扩展，形成"摊大饼"式的圈层结构，属于集中型城市空间结构。自从郑州高新技术产业开发区、经济技术开发区和郑东新区逐步建立并发展以来，郑州城市空间结构开始从单中心、圈层式扩展的模式向多中心、分散组团式转变。特别是郑州高新区的建立，逐渐吸引了郑州大学、河南工业大学、河南信息工程学院等高等院校和高科技企业的进驻，使之成为产学研一体化的科技新区。同时，郑州高新区的用地规模不断扩张，对其周围地区产生了很大的带动作用，成为城市空间拓展的重要力量。从城市的空间扩展角度看，郑州高新区的建立使城市从集中型向东西带向发展转变，从单中心向多中心、组团式转变。

在《郑州市城市总体规划（2007 – 2020）》中，为适应郑州在中部崛起中向特大型城市发展的需要，规划中心城区的空间布局结构概括为"一带两轴多中心，东西双城四组团"（见图8 – 1）。"一带"指依托郑—汴—洛城市产业走廊发展轴，在中心城区建设路、金水路、中原路、郑汴路之间形成东西向发展带，作为城市空间拓展的主骨架；"两轴"指规划中心城区两条十字形城市发展轴，引导城市空间与功能组织；"多中心"指区域级—市级—组团级—片区级四个层次的多中心体系；"东西双城"指老城区、郑东新区；"四组团"指西部组团、东南部组团、小李庄组团、北部组团。而其中的西部组团就是以高新区重要组成部分。

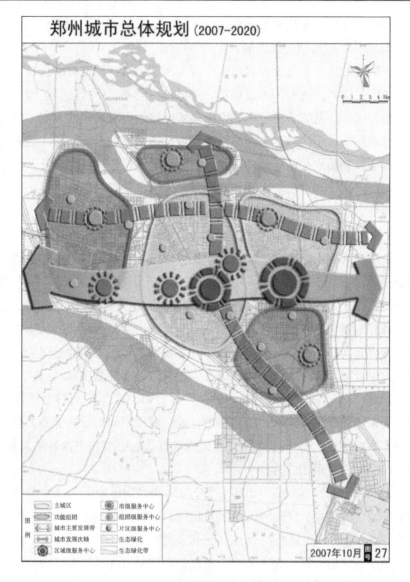

图 8-1 郑州中心城区布局结构

资料来源:《郑州市城市总体规划 (2007-2020)》。

郑州高新区是郑州市"两翼齐飞"的重要组团之一。郑州市政府提出"拉大城市框架、扩大城市规模,努力把郑州培育成国家区域中心城市"的战略性目标。开发郑东新区是 21 世纪郑州城市发展的主导方向,而向西发展,开发以高新区为核心的西部地区则是郑州市加快西部发展、重新调整开发郑东新区后的城市空间结构的重要战略选择，即郑州市东西部"两翼齐飞"的战略。郑州高新区是"两翼齐飞"战略的"西翼"，承担带动西部发展的历史使命。在未来的郑州城市格局中，郑州高新区将作为一块重要的功能区域构成郑州的城市核心区之一，为郑州城市和经济发展提供新的广阔空间。

8.4　平顶山高新技术产业区案例分析

8.4.1　基本概况

平顶山市地处中原，位于河南省中南部，因中心市区建于"山顶平坦如削"的平顶山下而得名。地理位置优越，对外交通发达，有多条高速公路、干线铁路穿境而过。平顶山市因煤而立，依煤而兴，是著名的煤炭工业城市，是洛—平—漯产业发展带的重要节点城市，中原城市群的化工、能源、原材料、电力装备制造业基地。

平顶山市高新技术产业区（以下简称高新区）位于中心城区东南部，交通便利。北有漯河—宝丰铁路将京广铁路和焦枝铁路量大干线连接起来。许平南高速公路和洛平漯高速在高新区南端交汇。高新区始建于1992年，1995年3月被河南省人民政府批准为省级高新区，2008年12月被列为河南省重点发展产业聚集区，2012年2月被工信部命名为国家新型工业化产业示范基地，2015年2月经国务院批准同意升级为国家高新技术产业开发区。高新区管辖面积60平方公里，建成区面积17.5平方公里。经过近30年的发展，高新区的基础设施日臻完善，产业发展初具规模，目前已吸引到日本东芝公司、泰国正大集团等国际知名企业到此投资，已进驻企业和项目达500多个，初步形成现代装备制造、新型化工和新材料三大特色产业集群，成为区域对外开放的窗口、自主创新的主阵地，对平顶山市产业结构调整，促进城市经济持续健康发展都起到了积极作用。目前，高新区共有六大功能板块，分别是创新创业服务园区、尼龙新材料产业园区、皇台产业园区、电气装备产业园区、临港物流产业园区、沙河产业园区。以电气装备产业园为平台，承接高端装备制造项目；以尼龙产业园为平台，承接特种尼龙、改性塑料、服装等产业链末端高附加值产业项目；以皇台产业园为平台，围绕产城融合建设，承接大型城市综合体和商贸项目；以临港物流园区为平台，建设集货运中转、保税仓库、电子商务、展示交易、综合服务、进出口等于一体的高水平的现代物流产业体系；以沙河产业园为平台，建设集生态、文旅、康养、商业办公等为一体的特色小镇；以创新创业产业园区为平台，重点承接科技创新、高新技术、孵化平台类招商项目，提升高新区科技创新能力，力争引育一批高端人才、培育一批创新团队项目、打造一批创新引领型机构、催生一批新兴产业。2019 年上半年，该区地区生产总值同比增长 8.4%，全市排名第一；规模以上工业增加值同比增长 9.4%；固定资产投资同比增长 10.8%；社会消费品零售总额同比增长 11.2%；完成一般公共预算收入同比增长 18.9%。2020 年，科技部火炬中心正式发文公布了全国 169 家国家高新区 2019 年的排名，平顶山高新区位列第 98 位，首次挺进国家高新区 100 强，实现"连续两年，每年提升 9 个位次"的高速发展。

2016 年，平顶山市九次党代会提出依托高新区打造中原电气城的战略构想，规划面积 50 平方公里，其中起步区面积 7 平方公里，以推进中国电力装备高端化、成套化、国际化为重点，以扩大开放、战略重组、集群发展为主要途径，围绕电力、电气主导产业，延长产业链，完善上下游配套，建设完整的输变电装备制造体系。在规划方面，中原电气城按照产城融合、和谐发展的理念，对产业发展、土地利用、开发区建设进行科学布局，既突出以产业为主现代化工业园区的特点，又体现高端城市综合配套产城一体的特色。目前，已经带动了河南江州电气有限公司、江苏金鑫电气有限公司、中开电气、中平川仪等 70 多家电气装备配套企业的集聚，形成了完善的输配电及控制设备制造业产业链。

高新区是平顶山市区东部重要的工业组团，必将向产城一体的生态新城方向发展。结合高新区周边的环境条件和自身的发展需要，未来高新区需要整合各种用地，优化区内空间布局，调整产业体系结构，完善生产性服务业和生活性配套设施，改善区内生态环境和景观面貌，构建多元化复合化的城市功能区，并且与周边地区相互融合发展，推动和促进平顶山市的城市化进程。

8.4.2 高新区存在的问题分析与发展思路

高新区是平顶山市域范围内的高新技术产业的发展重心，地位非常重要，入区的企业涉及机电、化工、轻工、纺织、建材、医药、商贸、物流等领域，已形成机电装备制造、化工化纤、新型材料三大产业群体，高技术含量企业逐渐增多。但仍存在很多问题。

用地方面，高新区产业建设用地开发规模较小，同时，项目用地不足，土地制约严重，影响着项目的落地和基础设施的完善；产业方面，产业分散化发展，产业门类较杂，涵盖化工化纤、机电、新材料、冶金、建材、医药、纺织等多个门类，各门类之间关联度不高，缺乏主导产业，产业集聚度不高，缺乏战略支撑点，产业集群现象不明显，少数企业一枝独大。同时，产业门类混杂导致区域品牌效应不足；企业发展方面，高新区现有企业群体特征为典型的大企业主导型，零部件配套企业和生产性服务企业数量不足。大企业很大，小企业很小。大企业的主导产品的行业门类相对单一，存在天然的市场风险。骨干企业间的竞争关系和分工合作关系不明显，企业网络关系尚未形成，企业集群发展缺乏内在驱动力和持续的活力，集群式创新尚未出现。同行业企业群体现阶段走的是集团路线，企业规模虽大，但易扼制行业和产业发展的内部多样性。集团模式向行业协会模式的转变尚远；配套设施方面，高新区服务性的产业配套体系欠缺，产业集聚发展环境尚未确立，产业和城市发展融合度不够，城乡总体发展活力相对不足；管理体制方面，管理机构职能混乱，制约了产业集聚区发展。

基于高新区所面临的问题，要树立新的发展理念，确定明确的主导产业，进行科学的产业定位，制定合理的产业发展战略；协调好产业规划和空间规划，使产业发展从分散状态，到集聚状态，再到集群状态，最后促使该区域形成区域规模效应、地区发展专业化（专门化）；以产业发展带动城市发展，完善公共服务配套设施，提升环境空间品质，实现产城融合。

总的来说，未来高新区应定位为"产城一体"的现代化工业集聚区，平顶山招商引资的主战场，产业集聚的主载体，工业发展的主平台，宜业宜居的生态新区。倡导生态理念，以"绿色、创新、共融"作为规划的核心理念。"绿色"体现在重视生态环境和精明增长的发展模式，"创新"体现在科技兴区和提高自主研发水平，"共融"体现在集聚功能的协调、复合，倡导人文关怀与和谐共生。在产业发展方面，发展以高端装备制造，新材料、新能源为主导的特色产业群体，打造中原电气城，成为引领区域经济发展的创新极，创新驱动传统产业转型升级的先导区，资源、产业和城市一体化演进的现代科技示范区。最终使高新区发展成为平顶山市对外开放的窗口、高新技术产业的基地、改革创新的试验区和现代化的工业集聚区，最具创新活力的经济增长区域。

下文分别从宏观的区域层面、中观的园区层面和微观的局部单元层面探讨高新区转型发展的规划策略。

8.4.3 平顶山高新区空间转型规划策略

（1）宏观尺度——区域层面的规划策略：重构与融合。

平顶山市高新区位于市区东部，北临平顶山东站货运仓储区域，西邻平顶山主城区，南邻叶县，东临"中部化工城"化工产业集聚区，是近年来政府着力培育的工业新城区，也是平宝叶鲁（平顶山市城区、宝丰县、叶县、鲁山县）一体化发展战略的关键区域，对"带状组团多核心"区域空间格局形成具有重要意义。高新区要在功能格局、对外交通联系等方面处理好与主城区及区域的关系，有机地融入城市整体发展的空间格局。

功能格局。在《平顶山市城市总体规划（2005－2020）》中，主城区主要向西和东南方向扩展。在西部建设新城区，形成新的行政中心，提升城市的建设面貌。在东南部依托高新区建设东部工业新城，逐步形成城市工业企业的聚集区，充分发挥集聚和规模效应。而中部老城区主要以"退二进三"的更新改造为主，实现城市用地功能的置换，着重改善城区环境，优化人居环境。因此，高新区应该以此为契机，调整和整合城市的产业布局，承载新进企业和旧城迁入企业，改善老城区工业布局分散无序的局面。另外，适当发展房地产、商业、休闲娱乐等第三产业，在园区西部建居住组团与老城区进行衔接，在东部建立复合功能产业组团和居住组团，与化工城共享生产性服务业和居住等配套设施。与周边区域相协调地进行基础设施和服务设施建设，营造出良好的城市环境，创造吸引力、集聚人气，提升自身形象，减少对老城区的交通负荷，促进园区持续健康快速发展。

对外交通。交通可达性对城市和区域空间形态演化起着决定作用。由于交通沿线具有潜在的高经济性，城市空间发展通常表现出明显的沿交通线定向推进的特征。开发区对外交通条件的改善，可以引导地域城市化空间的有序发展和合理地域空间结构的形成，促进开发区与周边相邻城区的社会、经济、空间联系。将开发区对外交通系统纳入区域综合交通体系中，做好与平顶山市的公路、轨道交通的衔接，强化与城区及区域交通之间的联系，以便更好地发挥开发区与周边的联动效应。具体来说，规划园区对外联系的主要交通干线有三横三纵共六条，东西向为建设路（60公里）、高阳路（60公里）、新南环路（60公里），南北向为大鸟路（50公里）、开发路（60公里）、G311国道（40公里）。其中的G311国道自东北向东南从高新区、化工城、叶县城区之间通过，是平顶山市东部区域的交通性干道。高阳路和南环路穿过高新区连接老城区和东部的化工城。建设路以东西向贯穿整个市区、穿过高新区与高速公路相连。这些对外交通干道对高新区与周边地区的融合发展提供了便利的条件，促进了平顶山市区东部地区、叶县城区和化工城的空间重组与重构。

（2）中观尺度——园区层面的规划策略：整合与优化。

随着高新区的发展演进，其产业选择和功能布局结构都处在不断的调整和优化中。在产业选择方面，要优化主导产业，构建科学合理的产业结构体系，形成产业集群，培育地方创新网络，同时，要完善生产性服务业和生活服务配套设施，提升园区的综合功能和城市竞争力。在空间布局方面，实现生产空间和生活空间的平衡和融合，倡导功能混合的组团式布局模式，形成若干有明确主导功能、特色鲜明又能兼备完善配套设施和多元化功能、相互独立的混合组团，结合方格网状的道路系统，构建灵活、高效、多元、兼容的城市形态格局。在城市化方面，园区内产业发展与城市发展相互依托、相互促进，以产业的集聚发展实现人口的集中，为城市化提供基础支持，又以城市的服务功能为产业发展、人口集中创造条件，实现产城融合，构建复合型城市功能区。

产业选择。对于平顶山市高新区，在充分尊重产业现状的基础上，发挥区域比较优势，按照产业集群发展的模式，确定其产业发展的基本格局为："一主、一副、一配套。""一主"为主导发展以发、输、变电为主的机电装备业，"一副"为将新材料产业作为副产业同步发展。"一配套"指力促主副产业的生产性服务业和配套产业尽快繁荣。主副产业和配套产业应形成新型原材料—零部件—整装设备产业链；形成研发—产品设计—生产—工程设计—工程施工—工程管理的产业链条；形成研发设计—生产—贸易—资本运作的产业链条；形成生产—生产性服务的产业链条；形成传统和常规技术—高新技术的产业链条。从而形成围绕若干竞争合作关系的骨干企业，衍生大量中小型零部件、原材料精深加工和生产服务配套的高新技术中小型企业的超大型企业集群。同时，将园区内污染较严重的三类工业项目如平顶山焦化厂、平顶山洗煤厂、中平能化集团的神马氯碱项目、神马乙炔项目、神马尼龙六六盐厂等逐步搬迁，优化产业结构。

功能布局结构。按照产城一体、产业集群、生态适宜性等空间布局原则，整合产业空间分布，引导企业向相应类型的产业组团集中，提高产业布局的积聚度和集群化，形成分类组团布局，同时，在每个产业组团附近规划一个相对集中、服务半径合理的产业区服务中心，实现产业与配套服务的适度就近平衡。并建立合理的绿化隔离带，减少环境污染，提供足够的开放空间和活动场所，优化园区空间环境。规划平顶山市高新区空间结构为"一核五心，三带两轴，七片区"。

"一核"指位于产业集聚区中部的产业管理功能核。这里集中了行政管理、商业服务等功能，为周边工业用地提供配套服务，是产业集聚区的城市空间中心，既能方便辐射全区，又有利于特色空间形态的营造。

"五心"指五个片区公共服务中心，它们分别为居住社区和产业用地提供基础配套。五个中心主要沿建设路和新南环路分布。沿建设路分布的片区中心位于建设路和开发区路、神马路、科技路的交叉口；沿新南环路分布的片区中心位于新南环路和湛一路、遵四路的交叉口。

"三带"指沿湛河两岸的沿河景观带、南部铁路沿线绿化带、东部 G311 国道绿化带，"三带"是营造高新产业集聚区特色城市景观的重要手段。"两轴"指串联产业集聚区五个公共服务中心的公共服务轴线，分别是指建设路和新南环路。

"七片区"分别是北部主城延续居住组团、北部湛北工业组团，南部主城延续居住组团、南部湛河工业组团、机电装备工业组团、复合功能产业组团、遵化店居住组团。

总的来说，高新区通过生产、居住、商贸、休闲服务等空间的融合和快捷的接驳系统，可以为居民营造方便、舒适的工作和生活环境，促进居民就近就业，缓解职住分离、"钟摆式"交通等城市问题，实现从产业园区到综合性新城区的转变。

（3）微观尺度——局部单元的规划策略：多元与复合。

在微观尺度上，要逐步改变工业区原有的单调冷漠的物质景观，创造丰富多元的环境氛围。要着力于塑造园区活力，强调土地利用的复合性和开发模式的综合性，形成足够的空间密度，构建丰富的公共空间和交往空间，提升空间环境的文化内涵，实现园区功能的多样化。可以将公园绿地、公共服务设施与具有鲜明吸引力、场所感的特色居住社区相结合，打造产业—人口—空间—服务有机融合的、开放性的城市空间，实现生产、生活、生态"三生"空间的有机融合，增强居民生活的幸福感、归属感。

在提升空间环境品质方面，可以利用高新区东南侧沙河的生态、景观功能，挖掘文化因素，配套各类公共服务设施，完善商业休闲、文化娱乐等功能，打造产城人文融合发展功能区，以"问津小镇"为载体，推动高新区创新驱动发展。特色小镇作为新兴产业创新平台和传统优势产业转型发展的引擎，对于未来高新区吸引高端产业入驻、打造高科技平台，促进高新区向生态科技产业园区和产城人文融合的生态新城方向转变具有重要意义。问津特色小镇以高新区内黄柏山自然村为基础，形成智慧、田园和颐养三大主导产业体系，发展商务办公、科技研发、展览展示、专业咨询、现代金融和商业等高端现代服务业，同时发展休闲农业、生态居住、休闲旅游等产业，以此来促进高新区商业气氛的提升和城市功能的完善。

第9章 开发区发展转型的其他案例分析

9.1 天津开发区

9.1.1 基本概况

天津经济技术开发区（以下简称天津开发区）成立于 1984 年 8 月，是我国第一批经国务院批准设立的 14 个国家级经济技术开发区之一。天津开发区位于天津滨海新区，毗邻天津市的卫星城市塘沽市区，距天津市中心 50 公里，东临渤海湾，临近港口。对外交通联系便捷，货运和客运可通达全国各地，海、陆、空交通均很发达。其南依天津—塘沽干线公路，西接北京—哈尔滨铁路，东邻中国最大的人工港和第二大集装箱码头天津新港，京津塘高速公路从区内穿过，总规划面积约 33 平方公里，其中工业用地约 25 平方公里、生活用地约 8 平方公里，优越的区位为开发区的高速发展创造了良好的条件，经过 30 多年的发展，天津开发区已成为国内经济规模、外向型程度、综合投资环境十分突出的国家级开发区之一。

发展至今，除了最初的 33 平方公里的东区之外，天津开发区又先后建立了西区、南港工业区、中区、北塘企业总部园区、现代产业区、逸仙科学工业园、微电子产业区、南部新兴产业区以及泰达慧谷、一汽大众华北生产基地 10 个区域，总体规划面积 408 平方公里（见表 9 - 1）。11 个园区定位明确、规划清晰、特色鲜明的空间格局，为天津开发区的可持续发展提供了保障。

表 9 - 1　天津开发区的构成

名称	年份	规划面积（平方公里）
东区	1984	33
逸仙科学工业园	1993	2.88
现代产业区	1996	20.17
微电子产业区	1996	2.3
西区	2003	48
南港工业区	2009	200
泰达慧谷	2011	5.17
北塘企业总部园区	2011	1.72
南部新兴产业区	2012	58
中区	2013	26
一汽大众华北生产基地	2016	8.78

天津开发区自成立开始，一直保持着强劲的发展势头。1985 年签订引进项目合同达到 21 个，吸引外资 3192 万美元，引进项目投资额列当时全国开发区之首。泰达引进外资额从 1991 年的 1.85 亿美元提高到 1993 年的 12.4 亿美元，1990 ~ 1996 年，天津开发区的地区工业生产总值和地区生产总值连年倍增，六年间双双实现近 50 倍的爆炸式增长。2017 年上半年，天津开发区实现地区生产总值 1689.5 亿元，按可比价格计算，同比增长 9.7%。其中，第二产业增加值 1156.2 亿元，增长 4.5%；第三产业增加值 533.3 亿元，增长 23.9%。第三产业增加值占全区生产总值比重首次突破 30%，达到 31.6%，同比提高 2.8 个百分点，拉动全区生产总值增长 6.5 个百分点（赵绘存，2019）。作为滨海新区的重要经济功能区之一，截至 2018 年，泰达累计引进 55 个国家和地区外资项目 5663 个，累计实际使用外资 559 亿美元，《财富》500 强跨国公司中有 117 家在开发区投资了 390 个项目。2018 年商务部公布了对全国 219 个国家级开发区全面系统的考核评价，天津开发区在产业基础、利用外资、对外贸易等多项指标上，在所有国家级开发区中保持领先地位。

经过多年的发展，天津开发区以企业发展带动产业发展和经济发展，推动结构调整和产业升级，打造高质化、高端化和高新化的产业结构，已经形成项目集中园区、产业集群发展的良好态势，形成了汽车、航天、电子信息、装备制造、新能源新材料、石油石化、生物医药、食品饮料和现代服务业九大支柱产业，即以三星集团、霍尼韦尔、鸿富锦为代表的电子信息产业；以一汽丰田、长城汽车为代表的汽车产业；以渤海钻探、渤海装备、壳牌为代表的石油化工产业；以维斯塔斯、东汽风电、SEW、约翰·迪尔、奥的斯为代表的装备制造产业；以葛兰素史克、诺和诺德、诺维信为代表的生物医药产业；以新一代运载火箭产业化基地为代表的航天产业；以康师傅、可口可乐、雀巢为代表的食品饮料产业；以膜天膜、京瓷太阳能、东邦铅资源为代表的新能源新材料产业；以金融、物流、服务外包业为代表的现代服务业。

9.1.2 开发区的发展阶段

（1）起步发展阶段（1984～1991年）。

天津开发区自建区初始，定位于"以利用外资为主、以发展工业为主、以出口创汇为主"的"三为主"方针，依托土地和劳动力从加工制造业环节切入，实现产业的集聚和发展。从产业方面看，天津开发区从国际劳动分工体系的低端、劳动密集型的加工制造业切入，其引进的第一批外商投资项目从打火机、羊毛衫到自行车，行业多种多样，投资额从12万美元到500万美元，规模不一。这一阶段，其开发建设依照"规划一片、建成一片、收益一片"的开发原则，由贷款开发向滚动开发、自我发展转变。初期开发建设主要集中于3平方公里的工业起步区和1.2平方公里的生活区，至1988年完成了这4.2平方公里的土地开发，以后至1991年共完成土地开发面积9.5平方公里。入驻企业800余家，其中外资企业350家，投资总额6亿美元，内资企业近500家，注册资本20余亿元。实现地方生产总值6.71亿元，工业总产值18.7亿元，出口1.1亿元。与土地开发相适应，基础设施也初具规模，并配套建设了一定量的生活设施。总体上讲，这一时期城区建设的重点在工业区，天津开发区呈现为单一工业生产区的性质。从已完成的建筑面积构成来看，至1991年底工业厂房占已竣工建筑面积的88.5%，生活公共设施所占比例很低，还不具备一般意义的城市功能。这一阶段开发区空间形态表现为点状内聚生成的特征，呈紧凑的小团块状。由于受到行政边界的限制，天津开发区空间向西、南的发展受到限制，因而向北、东逐步推移。开发区与周边地域（指开发区所在的天津滨海新区，主要包括塘沽城区、天津港及此后成立的天津保税区，简称"三区一港"）的联系微弱，还未形成明显的优势区位。彼此间人、物、资金往来很少，开发区呈孤立生长状态（邢海峰，2003）。

（2）快速扩展阶段（1992～1996年）。

以1992年邓小平"南方谈话"为契机，我国经济发展与对外开放进入了一个新的历史时期，天津开发区作为外商投资的重点地区得到快速成长。天津开发区实行"内外结合、主动出击"的策略，通过"一条龙、一站式"的优质服务吸引外商投资，同时，外资企业经过前一阶段的试探期进入到大规模投资阶段，这时的"三资"企业不仅数量快速增加，在投资规模和技术含量方面明显提高，利用外资的水平明显提升。产业方面，天津开发区制定实施"由政策优势向体制优势转变，由一般项目向资本密集型与技术密集型项目转变，由单一工业区向现代化新城区转化"战略，确定了"科技兴区"的指导思想，制定措施促进高新技术产业发展。该阶段天津开发区定位于以国家贸易为先导，以现代化工业为基础的外向型经济，通过利用外资，放大产业资本动能，推动产业向高技术发展。1996年，泰达国际创业中心等一批创新创业机构相继成立。这一时期土地开发策略也发生了变化，推行多主体、全方位的土地开发，开发区空间迅速扩展，1995年天津开发区东区面积调整至40.8平方公里。至1996年底，累计开发土地约20平方公里，批准外资企业2744家，协议投资总额77.9亿美元。内资企业登记2551家，注册资本36.3亿元。1996年当年完成国内生产总值131亿元，工业总产值370.1亿元，出口总额14.5亿美元。1992～1996年，工业总产值几乎每年翻一番，经济指标居于国家级开发区之首。逐渐形成电子、电气、食品、机械、金属制品、化工、服装和新型建材八大行业（赵绘存，2019）。

随着工业生产规模的日益扩大，为满足第三产业发展和人们生活的需要，从1992年起，开始加强公共配套服务设施建设，房地产业也得到迅速发展。从建成区的用地结构看，工业生产用地比例有所下降，居住及公建配套设施用地比例逐步上升。但是，住宅、公建等生活服务设施总体水平仍然较低，根据统计资料显示，至1996年底，在已完成的建筑面积中，居住及公建设施只占32.4%，还不具备较为完整的城市功能。

这一阶段开发区空间形态表现出不同于上一阶段的特点。一方面，天津开发区依托起步区沿区内建成的主要道路继续向北、东扩展；另一方面，伴随着区内众多的小型工业园区的设置与建设，天津开发区空间形态呈现分散趋向，在建成区之间开始出现许多成片待建用地。这一时期,天津开发区与周边地域的联系有所加强,优势区位开始形成。但是,由于天津开发区产业结构与周边地区差异大、互补性小,加之行政管理的地域限制,开发区"孤岛"现象明显。城区建设特别是生活区的建设不能与周边地域相协调,共同发展(邢海峰,2003)。

(3)转型调整阶段(1997~2007年)。

随着财政优惠政策到期和亚洲金融危机等外部投资环境的变化,天津开发区提出"二次创业",从土地经营走向资本经营,调整建立内外资、大企业和中小企业并重的投资结构,提高高新技术在经济增长中的贡献率,高新技术产业成为推动开发区持续快速发展的主要动力,并尝试"走出孤岛",加强与母城的经济联系,主动参与母城经济结构调整。天津开发区的定位转向以跨国公司为龙头的高新技术集聚的现代化工业制造基地和高新技术产品研发与转化的基地,组建科技创业中心和风险投资公司,鼓励国家级和跨国公司研发机构进入,并对产业发展进行前瞻性规划。2007年,天津开发区地区生产总值实现935亿元;工业总产值完成3350亿元,增长10.6%;财政收入完成216.7亿元,增长20%;合同利用外资39亿美元,增长20%;实际使用外资19.3亿美元,增长20.6%。规模以上工业企业共实现利润175亿元,销售利润率达到5.1%;高新技术产业继续快速增长,高新技术产品产值占工业总产值的比重达到59%。天津开发区内各级各类孵化器达到11家,孵化面积3平方公里,在孵化企业数量245家,各类研发机构已达63家。国家纳米产品质量监督检验中心、天津滨海国际技术转移有限公司等落户天津开发区。

这一时期,天津开发区在原来的母区——东区开发建设的基础上,在区外新建多个工业小区,扩大空间规模。1996年在位于母区之外的天津市其他区县开辟了逸仙科学工业园、微电子工业区和化学工业区3个区外工业小区,2003年在天津市津南区设立了微电子工业区;在2003年成立开发区西区,其中起步区4.97平方公里,远期用地43平方公里。天津开发区在母区开发的基础上,形成了一种多点开发、外向扩张的空间快速增长态势。开发区生产规模的迅速扩张和工业化的迅猛发展带动了整体城市化的发展,此后逐步建设产业发展所需的配套设施,城市规划方向也开始兼顾工业与城市设施的格局,注重产业与配套提升,呈现工业新城的特征。

对于开发最早的东区,空间的扩展也由过去快速向外扩张转向消化已开发土地为主,建成区向外推移的速度较上一阶段有所减缓,处于内向填充为主的阶段。随着区内规划路网的建成及市政基础设施的逐步完善,天津开发区面貌发生了显著的变化,分散的片块状建成区逐步连为一体。截至 2000 年底,共计开发土地约 25 平方公里,其建设由以工业区的建设为重点转向工业区与生活区建设并重。通过众多商品化住宅小区的开发,一批高起点、有影响的生活服务投资项目的建设,使生活区滞后于工业区发展的局面得到明显改观。从已完成建筑面积的构成看,也发生了明显变化,据 2000 年统计资料显示,工业厂房、住宅(含公建)建筑面积占开工和竣工的比例分别是 40.59%、59.41% 和 47.76%、52.24%,居住及公建设施的建设总量已超过厂房,占据优势地位。在开发区早期建成地区(主要为起步区),由于房屋、环境等的质量问题,已出现老化现象,面临改造。这一时期的区间交通条件进一步改善,使开发区与周边地区之间的联系明显加强,开发区的优势区位在这个时期得以确立,成为天津滨海新区城市扩展的重要方向。

(4)创新完善阶段(2008 年至今)。

2008 年,天津开发区按照"有限目标、逐步逼近"的策略,提出重点发展先进制造业和现代服务业,推动存量和增量共同发展,投资驱动和科技驱动并行,外资、国资和民营资本并重。同时,其空间布局架构更加完善,城市功能日趋综合化,建成多个大型公建设施,注重空间转型与产业升级并举,新建了开发区西区、南港工业区、南部新兴产业区和泰达慧谷。同时,将轻纺经济区和北塘经济区纳入管辖范围,即中区和北塘总部园区。天津开发的总规划面积达到408 平方公里,"一区十园"的空间结构正式形成。2009 年 11 月,国务院正式批复设立了天津滨海新区行政区,辖区包括原塘沽、汉沽和大港三区全境。2013年 9 月,天津市政府批准撤销原塘沽、汉沽、大港三区建制,改为由天津滨海新区直管街镇。自此,天津滨海新区在行政、地域和城市规划方面都相对独立和完整,迈向了由产业园区到城市新区的转型。在这一过程中,天津开发区不断完善区域综合配套功能,满足产业结构提升需求,构建新经济平台,大力发展城市服务业和社会事业,倡导节能环保、制度和区域功能创新,推动产城融合发展。在基础交通建设方面,建立了便利的交通网络,天津滨海新区通过京津塘高速、津滨快速路等多条高速公路、快速路与市区连接,开发区东区、西区均位于津滨通道,通过京津塘高速、津滨快速路和第九大街连接。开发区东区、北区、中区、南港工业区均位于天津滨海新区南北干道两侧,通过海滨高速、中央大道相连接。产业配套体系上,天津经济技术开发区打破了工业园区缺乏生活性服务职能、职住不平衡和有业无城的局面。目前，开发区东区已建成集商务休闲、产业创新及人居示范于一体，功能复合、特色鲜明的综合城区。民生设施也日益完善，医疗和教育等各项事业全面发展。

这一阶段，开发区科技创新发展成为经济发展的重要支撑力量，创新驱动成为重要引擎，科技型企业服务体系完善。2016 年《财富》全球 500 强企业中，共有来自境内外的 90 家企业在天津开发区投资，投资项目达 282 项。天津开发区的制造业形成了电子、汽车、装备制造、石化、食品饮料、生物医药、新能源新材料、航天航空八大优势产业。战略性新兴产业茁壮成长，现代服务业发展进程加快。2016 年，高技术产业（服务业）增长 12.8%，对服务业增长起到了重要支撑作用。至 2016 年末，全区共有国家级高新技术企业 399 家，科技型中小企业 6370 家，科技小巨人企业 480 家。天津开发区的常住人口超过 20 万，生态建设成效日益显著，环境风貌不断提升。

进入到"十三五"规划以来，国际国内环境都面临巨大变化。全球经济总体发展态势趋缓，国际贸易低迷，国际产业分工格局调整，欧美等发达国家和地区实施再工业化战略，新一轮科技革命和产业变革将重塑全球经济结构，新的生产方式、产业形态、商业模式和经济增长点不断涌现。国内经济发展进入新常态，发展方式由规模速度型粗放增长转向质量效益型集约增长，经济结构从增量扩能为主转向调整存量、做优增量并存的深度调整。我国利用外资结构发生重大变化，制造业外资流入持续放缓，一般制造业领域面临外迁，以服务业外商投资为主的格局将延续。因此，未来天津开发区将会进一步深化改革，释放活力，带动区域经济活力提升，构建以先进制造业为主体、生产性服务业为支撑、若干新兴产业为先导的现代产业体系，推进产业发展向提高质量效益转变，向增强服务辐射带动功能转变。天津开发区要强化创新驱动，加大产业创新平台和创新体系建设力度，促进企业开展技术改造，打造良好的创新创业环境，增强创新环境竞争力。天津开发区要推进与京津冀协同发展，区域内部做好分工合作和产城融合。

9.1.3 开发区的空间重构

天津开发区建立至今，经历了不断的空间扩张过程，也在不断调整与周边地区的区域格局。早期的发展以东区为主，后期逐渐增加市内其他工业小区，形成了"一区十园"的空间格局。其发展最为成熟的东区，也即是最早开发的母区，正逐步发展为功能完善的新城区，但在空间上仍面临着空间的整合和与周边区域的空间重构。

在宏观尺度上，由于过去以吸引外资为主，因此过分地重视与全球流动空间的连接和自身的独立运行，而忽略了与所处的滨海新区等外部环境的联系，与周边塘沽区、汉沽区等的联系。为此，2013 年 9 月，天津市政府批准撤销原塘沽、汉沽、大港三区建制，改为由天津滨海新区直管街镇，这也为开发区与周边区域的融合发展提供了条件。天津开发区要在区域整体空间框架下对周边的用地功能进行重新调整，以达到统筹协调的目标。如滨海新区的新城中心是通过开发区生活区和塘沽中心城区联合打造，因此应围绕这个目标，对周边相应的工业用地和功能进行调整。在交通方面，对区域交通进行重新梳理，消除天津开发区与周边地区之间的空间分割和干扰，减少东部港口的货物运输交通在区内的穿行，打通天津开发区与塘沽之间的南北向交通联系，促进区域的一体化进程。在生态方面，通过环境友好的开发方式和生态环境的重建过程，重构生态景观格局。

在中观尺度上，加强对生态和人性的关注，调整其内部的空间形态和功能格局。天津开发区早期形成了北部工业区、南部生活区的二元分立形态，随着一些大型居住社区、公园绿地、会展中心、足球场、轻轨枢纽站等大型区域开发项目建设，区内生活服务设施逐渐完善，二元分立的格局逐渐缓解。继续加强配套设施的建设，并对早期开发地区出现的建筑空置废弃、小区老化失修和结构性的衰败现象，进行更新改造，提升城市的整体环境。在旧区土地的清理和回购基础上，结合新区的待开发地块，改变过去功能单一的工业区和生活区布局结构，倡导功能混合的组团式布局模式，逐步形成若干有明确主导功能、特色鲜明又能够兼备完善配套环境和多元化功能、相互独立的混合组团，结合方格网状的道路交通体系，构建灵活、高效、多元的城市形态格局。

在微观尺度上，要塑造人性化的公共空间和邻里空间，改变开发区大面积标准厂房和大体量公共建筑单体所组成的肌理粗化的典型物质景观，通过街道家具、标识体系等的设计建造来推动公共环境中的场所塑造，规划建设邻里中心、小型活动广场等营造居民日常活动和社会交往的场所环境，加强社区的归属感和凝聚力。同时，结合产业升级，天津开发区要研究未来投资者的特定需求，提供差异化、高品质的物质环境，改变工业区原有的单调冷漠的物质景观，创造丰富多元的环境氛围（杨东峰，2007）。

9.2 昆山经济技术开发区

9.2.1 基本概况

昆山地处上海与苏州之间，依托特殊的区位优势，从 20 世纪 80 年代在全国率先开始了"自费办开发区"的探索。昆山经济技术开发区（简称昆山开发区）位于昆山市东部，创建于 1984 年，1991 年经省政府批准为省级经济技术开发区，1992 年 8 月成为国家级经济技术开发区。当前辖区面积 108 平方公里，总人口 66 万。建区以来，昆山开发区始终以扩大开放、改革创新为主题，在国内率先建成综合保税区、光电产业园、留学人员创业园等一批国家级特色功能园区，累计引进欧美、日韩、港澳台等 50 多个国家和地区投资的 2400 多个项目，投资总额超 400 亿美元，注册外资超 210 亿美元，注册内资企业数量超 31000 家，注册资本超过 3000 亿元，形成了光电半导体、电子信息、智能装备、新能源汽车、现代服务五大主导产业，成为全球资本、技术、人才的集聚地，海峡两岸产业合作的集聚区，中国对外贸易加工和进出口的重要基地。昆山开发区以昆山 1/9 的土地面积，完成了全市 40% 以上的地区生产总值、50% 以上的工业产值，贡献出全市 60% 以上的外资、70% 以上的台资产出份额、80% 以上的进出口总额。在 2018 年度江苏开发区科学发展综合考核评价中名列第二，在 2019 年全国开发区营商环境指数中排名第三，在 2019 年国家级开发区综合发展水平考核评价中名列第五。依托开发区建设的显著成就，昆山连续多年高居全国百强县（市）榜首。按照"园区生态化、城市现代化、产业高端化"的建设目标，昆山在开发区建设中一直非常注重城市功能的逐步完善，这是其经济持续、健康发展的重要保障。

9.2.2 开发区的发展转型

改革开放以来，昆山从小县城起步，依次经过自费开发、国家级开发区发展和国家级出口加工区建设三个阶段，目前已初步具备现代化城市的雏形，此过程中，"三线建设"企业西迁、台资企业进入以及代工基地发展都为城市空间拓展提供了产业支撑，而老城区相对完善的城市功能和社会网络不仅在"自费开发"

和吸引早期台资企业进入中发挥了重要作用，也随着城市空间拓展和人口结构变化而不断调整优化，为城市和产业的协调发展持续提供了有力支持。总的看来，昆山开发区的发展可以大致经历了三个阶段：

第一阶段，依托上海、吸引"三线建设企业"阶段（1984～1992年）。

昆山主要抓住改革初期大量知青和"三建设线"企业职工急于返城的历史机遇，发挥"东依上海"的区位优势，通过"西托三线"，实现了工业发展的起步。当时的昆山底子薄，资金、技术、设备、产品、管理经验都很缺乏，但通过引进上海的加工厂以及四川、贵州、陕西、江西等地的"三线建设"企业和业务骨干，顺利实现了"农转工"。工业园区选址在老城区东侧，这不仅充分利用了老城区相对完善的基础设施，也有助于产业区发展融入原有地方文化和社会关系网络，同时还克服了工业与城市争地的矛盾，较好地解决了产业发展与城市建设相协调的难题。

第二阶段，引进外资、"以商引商"发展阶段（1992～2000年）。

昆山很好地抓住了正式获批国家级开发区的契机，使招商引资的重点由内资转向外资。1992年，经国务院批准，昆山开发区成为国家级开发区，虽然昆山当时的经济实力仍然很弱，土地开发的资金相当短缺，但在这一政策优势推动下，昆山提升服务水平，吸引台资企业入驻，开启了"以商引商""以大引大"的良性循环过程。沪士电子、捷安特、富士康、六丰机械等成为当时昆山的"四大金刚"，而它们的进入也为昆山的基础设施建设和城市空间拓展发挥了积极作用。除了台资、日资企业，欧美企业也纷纷投资，截至20世纪末，合计约100家欧美企业落户昆山开发区。台企、日企、欧美企业到昆山落地生根，有效地推动了昆山不断完善公共基础服务设施，推动了城市空间的延伸拓展。这一阶段，昆山以青阳路沿线作为城市发展的重点，与之配套建成了17个小区用来满足产业工人居住需求。在引资结构改善的情况下，昆山人口结构逐渐发生改变，从以本地人和上海等周边地区返城知青为主向吸纳更多普通外来劳动力转变，外地人口在昆山与本地人口频繁接触，逐渐增强了地方认同感，为留住人才创造了条件。

第三阶段，转型升级阶段（2000年至今）。

昆山依托出口加工区更好地吸引了高科技领域代工企业的进入，成为全球IT产品重要的制造基地，并开始从以加工制造为主向以研发为主转变。2000年以后，昆山开发区进入新的发展阶段，产业链日趋完善，以电子信息、高档轻纺、精密机械为支柱产业，产业渐渐以资金和技术密集型为主。从20世纪90年代至今，昆山开发区的电子信息产业呈现向产业链高端延伸的趋势，并带动了相关产业的发展。在昆山代工企业发展和"低转高"的过程中，不仅接纳了更大规模的产业工人，也需要积极吸引研发人才，这就要求昆山进一步优化城市功能。为此，昆山继续推进配套小区建设。截至2005年，已规划建设19个外来务工人员居住区，占地面积865亩，建筑面积8.1平方公里，可容纳6000多人，2006年9月，开发区开通公交线路，这些都促进了产业区和城区的协调发展。2009年以后，适应全球金融危机的挑战，昆山抓住由出口加工区试点转型为综合保税区的难得机遇，又开始了新一轮的产业升级和城市空间拓展，进一步优化城市服务功能，促进第二、三产业的协调发展。现已形成了传统产业园区、光电产业园、出口加工区、综合保税区等工业地块与中华商务区、中央商贸区、东部新城区以及金融街等服务业集聚区相结合的发展局面。近年来，昆山国际会展中心、时代大厦等功能项目的相继启用，绿地家园、帝景天成等房产项目的全面开工，金鹰国际商城的启动建设，沪宁城际铁路配套道路和地下空间轨道交通等工程的基本完成，使城市中心开始显露出发展高端服务业的趋势。昆山希望以此吸引更多高素质人才，建设研发中心，更好地促进开发区从单一工业型园区向城市综合型园区转变。

昆山发展的发展历程表明，在"依托老区、开发新区"战略思想的指导下，开发区不断东扩南进，使整个城市空间逐步拓展、功能更趋完善，较好地实现了"产城融合"发展和地方社会网络的不断优化。在此过程中，产业结构经历了"农转工""内转外""低转高"的转变，而城市空间也由老城区不断向东、向南拓展，目前已进入重点发展东部新城的阶段。昆山开发区虽然早期主要吸引的也是劳动密集型加工制造环节，但由于以邻近老城区起步，同时一直注重配套小区等的建设，因而较好地维护和改善了地方社会网络，为实现由"昆山制造"到"昆山智造"的转变积累了必要的社会资本（孔翔，2013）。

9.3 安徽桐城双新经济开发区

9.3.1 基本概况

桐城市位于安徽省中部偏西南，西依大别山，南临长江，东濒菜子湖，分别与庐江、舒城、枞阳、潜山、怀宁、安庆市郊区接壤，旅游资源丰富，是省级历史文化名城，工业和商贸综合发展的山水城市。桐城市位于皖江城市带承接产业转移示范区内，紧邻沿江城市轴，合肥经济圈的南翼城市，是合肥经济圈产业配套承接基地、文化旅游基地、农特产品加工供应基地、科技成果转化实验基地、产学研合作基地，合肥经济圈联动沿江、辐射皖西南的门户。桐城市的民营经济发展基础较好，至今已形成了包装印刷、机械加工、橡塑制品、化工建材和农产品深加工（羽绒制品等）五大支柱产业，并在全国、全省相应领域有一定的位次、份额。尤其是桐城包装印刷业近几年来迅速崛起，成为全国继广东庵埠、浙江龙港之后的第三大包装印刷基地。

桐城双新经济开发区位于桐城市域南部的中心镇双港—新渡境内，依托镇区的工业园区发展而来，属于省级经济示范区。2018 年双新开发区与桐城开发区合并，成为国家级开发区。双新经济开发区规划控制面积达到 15 平方公里，其范围东至双港镇白陂塘，南至柏年河，西至合安公路，北至新安渡河的支流，共涉及新渡镇罗潭、伊洛，双港镇永上、三友等村。园区按照"高水平规划、高起点建设、高强度投入、低碳化发展"的原则，不断加快建设步伐，在 3.5 平方公里的建成区初步形成了塑料加工包装印刷、新材料新能源两大主导产业，跟进布局"中国包装印刷产业基地"和"中国塑料包装产业基地"，园区内各企业优势互补、上下衔接，形成良好的集聚效应。开发区充分发挥区位优势，利用区域内的产业特点，抓牢产业基础，构建起完备的产业生态体系。2017 年，园区全年引进境内市外资金 14.9 亿元，亿元以上项目 9 个，纳入省统计平台的招商项目 6 个，新引进项目新增固定资产投资 1.38 亿元。

9.3.2 开发区转型发展目标

双港—新渡是桐城市域南部地区的中心镇，通过高速公路、铁路和国道与市区联系便捷，有较好的经济基础，是桐城市乡镇企业的发源地，主要发展包装印刷、塑料制品等产业，但普遍规模小，产业发展层次低，缺乏大型骨干企业，难以形成产业集群，同时相关的配套设施也比较欠缺。桐城双新经济开发区通过对原有工业企业的整合，形成由主导企业带动的产业集聚区，发展生产性服务业，完善生活配套设施，优化产业布局和空间结构，促进用地和功能的复合化与多元化，产城融合，吸引人口的积聚，推动城镇化和工业化的快速发展，形成桐城南部地区的重要中心城市。

（1）产业发展集群化。

产业的选择和发展要体现集聚效应和规模效应，发展若干特色主导产业，依据专业化分工协作和规模经济的要求，做大做强本地产业链条，搞好配套产业，形成围绕主导、骨干企业的有机联系、有机组合的产业集群及企业集团，培育地方创新网络。目前，双新经济开发区以印刷包装为主导产业，以中小型印刷企业为主，工业集中度不高，缺乏具有全国影响力的龙头型企业。结合区域环境和自身的发展基础，双新经济开发区应从承接产业转移和壮大本地民营经济两方面强化产业发展。一方面，积极承接东部长三角地区的产业转移，充分发挥政府引导作用，围绕国家产业政策，确定所承接的重点产业，从投资、税收、人才等方面实施政策导向，进行组团招商和整体招商；另一方面，整合镇区及周边地区的民营工业，引导工业企业向园区集聚，促使资源的优化配置，实现企业的规模效益，提高城镇经济的辐射能力。

（2）园区功能复合化。

园区内目前主要以项目和企业为主导，基础设施和城镇功能较为薄弱。开发区要避免成为单一的工业区，除了发展工业，还要增加为工业服务的信息、物流、电子、法律、咨询等生产性服务业，同时发展居住、商业等配套服务设施，提升城市功能，构建复合型的城市功能区。功能的复合化，能够聚集人气，增强园区活力，营造出良好的城市环境，提升园区形象；另外，适当的职住平衡，可以减少镇区的交通负荷，产生更大的经济效益，使开发区保持快速健康发展。

（3）空间布局的多样化。

双新经济开发区的开发建设要避免大尺度、大模数的布局模式，结合地形地势的特点，要采取适度的功能分区策略，保证各分区功能的充分有效发挥，避免相互之间的干扰；但同时还要考虑生活空间与生产空间的融合、工业和生产性服务业的协调，形成多样化复合型的空间布局特征。增强开发区内用地开发的弹性，强调以人为本，塑造丰富多样的公共空间环境，形成紧凑、有机的功能布局结构，实现空间布局的多样化。

（4）环境建设的生态化。

开发区的建设不能再走先污染后治理的老路。对于企业来说，要提高园区工业的空间准入门槛，限制污染严重的企业进入，加强对环境质量的检测，改善生态环境。对于开发区的整体布局来说，要充分利用和保留群内的自然要素如山体、河湖水面等，挖掘地方文化内涵，构建有特色的生态网络结构。对于公共空间，要努力创造人性化的公共环境空间，建设社区邻里中心、小型活动广场，方便园区内居民的日常生活，提高居民的归属感，创造丰富多元的环境氛围。

（5）与城镇发展的一体化。

开发区作为城镇的有机组成部分，需要以城镇的视角或区域的高度来审视它的发展和变革。双新开发区位于两个镇之间，它的开发区建设必然会对两个城镇的空间开发、土地利用、人口流动等产生较大影响，也必然引发和带动区域的城市化进程，带来区域空间结构的演化和重构。因此，应该将开发区的建设规划与两个城镇的总体发展、空间布局相结合，在功能布局、人口分布、交通联系等方面做好衔接与协调，实现开发区与城镇的有机融合和一体化发展。

9.3.3　开发区的转型发展规划

（1）产业选择。

产业的发展特别是主导产业的选择是开发区发展的关键要素，对整个区域的经济发展具有重要意义。因此，产业选择应以省市产业规划和政策为指导，以本地的资源条件和产业发展现状为基础，结合区域产业转移的特点，以未来市场需求为方向，构建完整的产业体系。

市域产业发展现状。桐城市具有"中国包装印刷基地""中国塑料包装产业基地""中国刷业城""全国农产品加工基地"等产业、基地的优势，全市共有中小企业1.9万家，从业人员40多万人，已初步形成机械加工、塑料印刷、羽绒制品和建材化工、农产品加工等主导产业，拥有"鸿润""金光""白兔湖""盛运""霞珍"等一批中国驰名商标。双新经济开发区是桐城市"一带""十园""两区"的工业整体发展构架中的重要组成部分，它和市经济开发区为两个省级经济示范区，是桐城经济发展和产业集聚的主要空间载体。

新渡和双港镇的经济与产业发展。新渡镇产业基础雄厚，是桐城市的乡镇企业发源地，始于20世纪70年代末的塑料产业，现拥有大小塑料企业1000余家，能生产各种高、中、低档不同规格几百个品种的塑料袋、塑料包装产品，产品销售网络遍布全国及世界各地，已发展成为中国三大塑料包装加工基地之一。双港镇区位条件优越，交通便捷，工业经济发展基础较好，增长势头迅速，年销售收入过亿元的企业正不断涌现，工业经济呈现出朝气蓬勃、活力迸发的强劲势头。双新开发区依托两镇而建，具有良好的产业基础。

产业发展的SWOT分析。通过对双新经济开发区产业发展的SWOT分析（见

表9-2），理清其产业选择中的有利条件和不利因素，抓住产业转移和政策支持带来的机遇，发展传统优势产业的基础上，积极发展战略性新兴产业，延长产业链条，扶持大型龙头企业，培育产业集群，实行品牌战略，构建完善的产业体系。

表9-2　双新经济开发区产业发展的 SWOT 分析

	机遇	挑战
外部环境	产业转移的发展机遇；《皖江城市带承接产业转移示范区》和《合肥城市圈城镇体系规划》的颁布实施；政府提供省级开发区的政策支持	未纳入皖江城市带承接产业转移示范区的核心区；省内各市承接产业转移的竞争加剧
	优势	劣势
内部因素	自然资源优势；包装印刷、塑料制品等产业基础较好；新兴产业发展迅速；良好的区位条件	工业集聚度低；企业规模普遍偏小，缺乏大型龙头带动企业；产业以初加工为主，附加值低，产业层次不高；产业链不完善

产业选择。参照安徽省和桐城市的产业政策，结合本地的资源条件和已有的产业基础，并分析接受长三角地区产业转移的特点，在 SWOT 分析的基础上，确定桐城双新经济开发区未来应优先发展三类产业集群：一类主导型产业集群，即传统产业结构提升集群；一类为机会增长型的产业集群，即新兴战略性产业集群；另外一类是辅助型服务业集群，即公共服务集群、生产性服务集群、商贸服务集群。具体来说，继续强化包装印刷业、塑料加工产业、纺织服装业、机械制造等主导产业，继续发展特色物流业、生产性服务业等产业，培育新材料、生物医药、农副产品深加工三大机会增长型产业，构建完整的产业体系框架。

（2）功能定位。

桐城双新经济开发区是依托市域南部的中心镇双港—新渡而发展建立的。在整合原有镇区传统工业的基础上，抓住长三角地区产业转移的机遇，积极发展新兴战略性产业和生产性服务业，加强公共服务设施和居住区的配套建设，强调"以人为本、生态优先"，将双新开发区建设为"产业发达、经济繁荣、生态和谐"的工业新城，合肥经济圈承接产业转移的重要基地，桐城市的南部中心城市，现代化工贸宜居新城。

（3）空间结构与功能布局。

空间结构。根据桐城双新经济开发区现状建设空间结构特点及用地发展方向分析，结合桐城双新经济开发区的区位和功能定位，提出"发展轴线推进、中心片区带动、景观轴线催化、生态廊道升华"的发展模式，形成并构建布局合理、结构清晰、交通便捷、配套完善的复合型新城，总体形成"两心、两园、三轴、多廊、两组团"的空间结构。

两心——指位于高速公路东西两侧的中心地带，布局形成开发区一主一副两个公共服务中心，结合居住区布置商业市场、行政办公、文化娱乐、教育科研等设施。

两园——分别是沪蓉高速公路分割产生的两个工业园区，东片区为双港工业片区，西侧为新渡工业片区。

三轴——依托沪蓉高速公路、横向联系的两条主干道形成的三条发展轴线，是区域内、外信息交流、城市功能传递的通道。

多廊——高速公路及其防护绿化带以及两侧河道的防护绿化带所构造成的景观绿化廊道，横向及纵向主干道防护绿化带所形成的环形绿化廊道。

两组团——本次规划北侧沿河道布置的两个居住组团，主要布置居住，同时配套少量的商业。

随着区域与城市一体化建设进程的加快，未来的桐城双新经济开发区与新渡镇区和双港镇区将形成"以横向主要干道为主轴，纵向主干道为次轴、带状发展为主体，呈多中心、开敞式的城市空间结构"，将发展成为皖江经济带上具有强大竞争力的组合型城市和经济板块，真正起到桐城市南部中心城市的作用。

功能布局。双新经济开发区目前以工业用地为主，功能单一，配套设施滞后，园区整体缺乏活力，无法集聚人气。产城融合的理念就是实现产业功能和城市功能的协调、产业空间和生活空间的融合，改变原来单一的用地布局和单调冷漠的物质空间，完善自身的配套设施和城市功能，并与依托城镇做好配套和衔接，构建复合型城市功能区。

首先，居住用地的安排，考虑与工业区的联系，以及工业用地性质对周围环境的影响，居住用地采用相对集中布置的方式，布置在沿河的北部地区，并与两个镇区规划相衔接，充分利用镇区现有的公共服务设施，为产业提供配套支撑。其次，公共服务设施是园区内产业发展和居民生活的重要保障，是产城融合的关键环节。在高速公路分割的东西片区，结合居住用地的布置，分别配套商业、文教、卫生、体育、休闲娱乐等公共服务设施，为生产生活提供便利，实现园区功能的复合化。行政办公用地布置在规划区中部偏南，商业用地主要结合工业用地中心以及行政办公用地和居住区布置，为周边的用地服务，文体、医疗、休闲等公共服务设施结合居住区和公共服务中心布置。再次，要完善对外交通，解决好与周边城市的道路联系问题、与沪蓉高速的道路联系问题。在园区内设立沪蓉高速的出入口，打通对外联系的快速通道。开发区内结合用地特征，顺应水系和城市主导风向，充分考虑开发区的用地布局，采用组团式方格状道路网结构形式，加强与桐城市区和两个镇区的交通联系，形成高效、便捷的出行环境。最后，打造网格化的绿化系统。从保障工业区生产生活安全、维护和创造良好的生态环境角度出发，结合工业区空间布局，规划"四心、多廊、多散点、网络状"的绿地系统和开放空间结构。四心：指规划区范围内以大型水面为核心的开放空间，构成绿化系统的生态绿核。多廊：由高速公路、道路、河道等防护走廊和道路防护绿地形成的道路绿化隔离带以及沿水系布置的休闲绿地，担负工业区与生活区隔离的绿化屏障以及产业分区之间的分隔带。此外，通过街头绿化、工业厂区门前、内部绿地、居住区绿地等，做到点、线、面结合，形成网络状的绿化系统。

对于园区内的村庄，一方面，要根据发展现状、经济实力、基础设施建设水平，设置重点集聚发展的村民安置区，整合现有的村庄建设用地，按照城市社区标准进行建设，实行就地改造；另一方面，规划设立新的居住社区，为工人和从事第三产业人口提供居住安置。同时，加强工业区与两个镇区的联系，共享镇区完善的配套设施和居住空间，进一步实现产城融合的发展。

参考文献

［1］何兴刚．城市开发区的理论与实践［M］．西安：陕西人民出版社，1995．

［2］鲍克．中国开发区研究——入世后开发区微观体制设计［M］．北京：人民出版社，2002：25－36．

［3］张晓平，刘卫东．开发区与我国城市空间结构演进及其动力机制[J]．地理科学，2003，23（2）：142－149．

［4］徐辉．国外以大学为依托建立高科技开发区的经验与启示［J］．比较教育研究，1994（6）：33－36．

［5］梁运斌．世界经济开发区的演进、类型及功能分析［J］．国外城市规划，1994（1）：27－30．

［6］董鉴泓．中国东部沿海城市的发展规律及经济技术开发区的规划[M]．上海：同济大学出版社，1991．

［7］魏心镇，史永辉．我国高新技术产业开发区的区位比较及推进机制分析［J］．地理科学，1992（2）：105－107．

［8］许自策，蔡人群等．对广州经济技术开发区性质的再认识［J］．热带地理，1988，8（4）：374－380．

［9］朱秉衡．广州经济技术开发区性质的发展战略［J］．热带地理，1988，8（4）：382－387．

［10］魏清泉．广州经济技术开发区的选址评估与发展探讨［J］．中山大学学报，1987，7（3）：197－200．

［11］王合生，虞孝感，许刚．无锡市开发区的发展方向与功能定位［J］．城市研究，1998（6）：27－29．

［12］张荣，傅绥宁．试论城市开发区群体的合理布局与协调管理——以成都市为例［J］．城市规划，1997（3）：56-58.

［13］郑静，薛德升，朱竑．论城市开发区的发展——历史进程、理论背景及生命周期［J］．世界地理研究，2000，9（2）：79-86.

［14］陆玉麒，余玉祥．苏州工业园区建设的区域效应研究［J］．经济地理，1998，18（3）：57-59.

［15］王辑慈．高新技术产业开发区对区域发展影响的分析构架［J］．中国工业经济，1998（3）：54-56.

［16］陈文晖，吴耀．论开发区与城市在空间上的协调发展——以山西为例［J］．山西师范大学学报，1997，11（3）：64-69.

［17］王亚民．论东南亚经济开发区的成因与发展［J］．鹭江大学学报，1997（2）：29-31.

［18］陆建人．亚太地区经济开发区的发展特点与面临的挑战［J］．当代亚太，1999（10）：42-45.

［19］刑海峰．开发区空间的演变特征和发展趋势研究——以天津经济开发区为例［J］．开发研究，2003（4）：39-41.

［20］王兴平，崔功豪．中国城市开发区的空间规模与效益研究［J］．城市规划，2003，27（9）：6-12.

［21］何书金，苏光全．开发区闲置土地成因机制及类型划分［J］．资源科学，2001，23（5）：17-22.

［22］刘彩霞等．开发区土地利用问题及对策［J］．城乡建设，2001（11）：25-27.

［23］龙花楼，蔡运龙，万军．开发区土地利用的可持续性评价——以江苏昆山经济技术开发区为例［J］．地理学报，2000，55（6）：719-727.

［24］龙花楼．开发区土地可持续利用系统的结构研究［J］．干旱区地理，2001，24（2）：172-176.

［25］张晓平，陆大道．开发区土地开发的区域效应及协同机制分析［J］．资源科学，2002，24（5）：32-38.

［26］吴旭芬，孙军．开发区土地集约利用的问题探讨［J］．中国土地科学，2000，14（2）：17-21.

［27］王慧．开发区与城市相互关系的内在肌理及空间效应［J］．城市规

划，2003，27（3）：20 – 25.

［28］王文滋．再论我国经济技术开发区城市化功能开发［J］．城市发展与研究，1999（1）：33 – 35.

［29］张弘．开发区带动区域整体发展的城市化模式——以长江三角洲地区为例［J］．城市规划汇刊，2001（6）：61 – 69.

［30］王宏伟，袁中金，侯爱敏．城市化的开发区模式研究［J］．地域研究与开发，2004，23（2）：9 – 12.

［31］徐寿根．开发区的经济发展与社区建设［J］．盐城师范学院学报，2001，21（3）：27 – 30.

［32］皮黔生，王恺．走出孤岛——中国经济技术开发区概论［M］．北京：生活·读书·新知三联书店，2004：11 – 30.

［33］朱友华，郝莹莹．长春经济技术开发区对长春市的经济贡献研究［J］．经济地理，2004，24（2）：172 – 175.

［34］魏心镇，王辑慈等．新的产业空间——高技术产业开发区的发展与布局［M］．北京：北京大学出版社，1993.

［35］陈汉欣．中国高技术开发区的类型与建设布局研究［J］．经济地理，1999，19（1）：6 – 11.

［36］郑静．试论广州高新区的发展与布局区位［J］．热带地理，1999，19（1）：1 – 9.

［37］范柏乃，江蕾．中国高新技术产业开发区发展评价及对策研究［J］．中国高新技术企业评价，1999（1）：5 – 10.

［38］黄宁燕，梁战平．我国高新技术产业开发区的发展状况及趋势——聚类分析评价研究［J］．科学学研究，1999，17（2）：79 – 88.

［39］窦江涛等．高新技术产业开发区可持续发展评价指标体系的研究［J］．科技与管理，2001（1）：9 – 11.

［40］郑斯彦．我国高新技术产业开发区发展的质量评价［J］．科技与经济，2008，27（4）：14 – 17.

［41］曹敏娜，王兴平．高新技术产业开发区的功能定位研究——以南京高新区为例［J］．人文地理，2003，18（2）：37 – 41.

［42］吴煜，刘荣增．中国高新技术产业开发区发展动态评价［J］．城市规划汇刊，2003（1）：61 – 69.

［43］阎小培．高新技术产业开发与广州地域结构变化分析［J］．珠江三角洲经济，1998（4）：15－18．

［44］李平．高新技术产业开发区及其对传统城市社区的影响［J］．特区与港澳经济，1998（11）．

［45］张晓平．全球化视角下的中国开发区的发展机制及区域效应［D］．中国科学院地理科学与资源研究所，2003．

［46］Paul Krugman. Geography and Trade［M］. Cambridge：MIT Press，1993.

［47］Micheal Porter. Competitive Advantage of Nations［M］. New York：The Free Press，1990.

［48］Balasubmanym V N. Export Processing Zones in Development Countries：Theory and Empirical Evidence［M］. London：Allen & Unwin，1982：67－72.

［49］Jayanthakumaran，Kankesu. Benefit－Cost Appraisals of Export Processing Zones：A Survey of the Literature Development［J］. Policy Review，2003，21（1）：51－65.

［50］Wang Shuguang，Wu Yulin，Li Yujiang. Development of Technopoles in China［J］. Asia Pacific Viewpoint，1998，39（3）：281.

［51］Wei Yehua Dennis，Leung Chikin. Development Zones，Foreign Investment，and Global City Formation in Shanghai［J］. Growth and Change，2005，36（1）：16－40.

［52］Litwack John，Qian Yingyi. Balanced or Unbalanced Development：Special Economic Zones as Catalysts for Transition［J］. Journal of Comparative Economics，1998，26（1）：117.

［53］周素红．高密度开发城市的内部交通需求与土地利用关系研究——以广州为例［D］．中山大学博士学位论文，2003．

［54］胡华颖．城市·空间·发展———广州城市内部空间分析［M］．广州：中山大学出版社，1993．

［55］李振，周春山，张静静．广州城市发展与规划［J］．规划师，2004（3）：71－73．

［56］广州开发区总体规划（2004－2020年）（初稿）［R］．广州城市规划勘测设计研究院，2004．

［57］李郇．新型城区——广州经济技术开发区与高新技术开发区建设探讨［J］．热带地理，2001，21（1）：11－15.

［58］邢海峰．新城有机生长规划论：工业开发先导型新城规划实践的理论分析［M］．北京：新华出版社，2004.

［59］顾朝林，甄峰，张京祥等．集聚与扩散：城市空间结构新论［M］．南京：东南大学出版社，2000.

［60］王媛等．广州城市空间形态发展演变的历史特征［J］．青岛建筑工程学院学报，2002，23（2）：34.

［61］钟新基．广州老城区用地结构的优化与东南部开发［J］．热带地理，1993，13（4）：298－303.

［62］张晓平．我国经济技术开发区的发展特征及动力机制［J］．地理研究，2002，21（5）：656－666.

［63］吴永铭，陈卓权．广州工业分布特征与布局原则［J］．热带地理，1984，4（2）：125－128.

［64］丁振琴．外资企业对广州城市空间结构的影响研究［D］．中山大学硕士学位论文，2004.

［65］谢守红，宁越敏．城市化与郊区化：转型期都市空间变化的引擎——对广州的实证分析［J］．城市规划，2003（1）：24－29.

［66］王缉慈等．创新的空间［M］．北京：北京大学出版社，2001.

［67］厉无畏，王振．中国开发区的理论与实践［M］．上海：上海财经大学出版社，2004.

［68］邢兰芹，王慧，曹明明．1990年代以来西安城市居住空间重构与分异［J］．城市规划，2004，28（6）：68－73.

［69］肖细军，章定富，曾艳．浅析工业园区与南昌城市发展［J］．江西农业大学学报（社会科学版），2004，3（3）：58－61.

［70］冯健．转型期中国城市内部空间重构［M］．北京：科学出版社，2004.

［71］钱平凡．我国产业集群的发展状况、特点与问题［J］．经济理论与经济管理，2003（12）：26－31.

［72］杨贞，李剑力．河南产业集聚区建设中存在的问题与对策［J］．郑州航空工业管理学院学报，2009，6（27）：31－35.

［73］蔡宁，杨闰柱．基于企业集群的工业园区发展研究［J］．中国农村经济，2003（1）：53－59.

［74］许庆明，盛其红，黄晖．产业集群发展的可持续性［J］．经济理论与经济管理，2003（11）：37－40.

［75］孔翔，杨帆．"产城融合"发展与开发区的转型升级——基于对江苏昆山的实地调研［J］．经济问题探索，2013（5）：124－129.

［76］顾朝林．经济全球化与中国城市发展：跨世纪中国城市发展战略研究［M］．北京：商务印书馆，2000.

［77］青仿．产业集聚与城市化互动发展研究——以重庆为例［D］．重庆大学硕士学位论文，2006.

［78］周平．产业集聚与城市化协调发展研究［D］．浙江大学硕士学位论文，2005.

［79］蒿慧杰．河南省产业集聚区科学发展问题研究［D］．郑州大学硕士学位论文，2009.

［80］魏广君．新产业空间与城市空间整合研究——以大连市为例［D］．苏州科技学院，2009.

［81］Shearmur R, Doloreux D. Science Parks: Actors or Reactors Canadian Science Parks in Their Urban Context［J］. Environment and Planning A, 2000（32）：1065－1082.

［82］Lai Hsien－Che, Shyu J Z. A Comparison of Innovation Capacity at Science Parks across the Taiwan Strait: The Case of Zhang Jiang High－Tech Park and Hsinchu Science－based Industrial Park［J］. Tech－novation, 2005, 25（7）：805－813.

［83］Bakouros Y L, Mardas D C, Varsakelis N C. Science Park, A Hightech Fantasy: An Analysis of the Science Parks of Greece［J］. Tech－novation, 2002, 22（2）：123－128.

［84］李小建．经济地理学［M］．北京：高等教育出版社，2006.

［85］高密来，李爽，高宏宇．中国高新技术产业开发区的空间结构及其优化［J］．开发研究，1994（3）：3－6.

［86］袁新国．江宁经济技术开发区启动区再开发初探［J］．现代城市研究，2010（12）：29－34.

［87］袁新国，王兴平．边缘城市对我国开发区再开发的借鉴研究——以宁

波经济技术开发区为例 [J]．城市规划学刊，2010（6）：95－101.

［88］洪亘伟．基于经济增长方式转变的开发区空间发展策略 [J]．城市，2010（12）：36－39.

［89］叶雷．基于供需分析的城市开发区空间结构优化研究 [D]．苏州科技学院，2011.

［90］王雄昌．我国远郊工业开发区的空间结构转型研究 [J]．规划师，2011（3）：93－98.

［91］买静，张京祥，陈浩．开发区向综合新城区转型的空间路径研究——以无锡新区为例 [J]．规划师，2011（9）：20－25.

［92］王兴平，袁新国，朱凯．开发区再开发路径研究——以南京高新区为例 [J]．现代城市研究，2011（5）：7－12.

［93］袁新国，王兴平．再开发背景下开发区产业建筑改造再利用研究——以漕河泾新兴技术开发区为例 [J]．城市规划，2011（10）：67－73.

［94］孔翔，杨帆．"产城融合"发展与开发区的转型升级——基于对江苏昆山的实地调研 [J]．经济问题探索，2013（5）：124－128.

［95］张艳．超越规模之争——论开发区的空间发展与转型 [J]．城市规划，2009，33（11）：51－57.

［96］王兴平．中国城市新产业空间发展机制与空间组织 [M]．北京：科学出版社，2005.

［97］雷霞．关于我国开发区管理体制的类型及其改革的思考 [J]．学术研究，2000（10）：40－43.

［98］峦峰，何丹，王忆云．先发地区开发区的局部地段转型发展调查研究——以常州高新技术产业园区为例 [J]．城市规划学刊，2007（5）：109－113.

［99］罗小龙，沈建法．跨界的城市增长——以江阴经济开发区靖江园区为例 [J]．地理学报，2006（4）：435－445.

［100］沈宏婷．开发区向新城转型的策略研究 [J]．城市问题，2007（12）：68－73.

［101］葛丹东，黄杉，华晨．"后开发区时代"新城型开发区空间结构及形态发展模式优化——杭州经济技术开发区空间发展策略剖析 [J]．浙江大学学报（理学版），2009，36（1）：97－102.

［102］张艳．开发区空间拓展与城市空间重构——苏锡常的实证分析与讨论

［J］. 城市规划学刊，2007（1）：49 － 54.

［103］杨东峰. 周边整合·形态调适·场所再造的空间重构策略——以天津市开发区为例［J］. 城市规划学刊，2007（3）：26 － 80.

［104］郑可佳. 后开发区时代开发区的空间生产：以苏州高新区狮山路区域为例［M］. 北京：中国建筑工业出版社，2015.

［105］郑国. 开发区发展与城市空间重构［M］. 北京：中国建筑工业出版社，2010.

［106］车旭. 创新驱动下的上海开发区转型问题研究［J］. 城市规划学刊，2012（s1）：210 － 213.

［107］阳镇. 创新驱动视角下国家级经济技术开发区转型与重构——以增城国家级经济技术开发区为例［J］. 中国科技资源导刊，2017（1）：66 － 74.

［108］邓丽姝. 开发区发展服务业的战略思考——以北京经济技术开发区和天津经济技术开发区为例［J］. 特区经济，2007（6）：51 － 53.

［109］金继晶，邹卓君，刘天雄. 由产业园向新城区转型的规划途径探讨——以库尔勒经济技术开发区为例［J］. 规划师，2009（6）：25 － 30.

［110］武增海，李涛. 高新技术开发区综合绩效空间分布研究［J］. 统计与信息论坛，2013（3）：82 － 88.

［111］赵绘存. 天津经济技术开发区创新发展 34 年回顾与展望［J］. 天津经济，2019（1）：3 － 13.

附　录

国务院办公厅关于促进国家级经济
技术开发区转型升级创新发展的若干意见

国办发〔2014〕54号

各省、自治区、直辖市人民政府，国务院各部委、各直属机构：

为适应新的形势和任务，进一步发挥国家级经济技术开发区（以下简称国家级经开区）作为改革试验田和开放排头兵的作用，促进国家级经开区转型升级、创新发展，经国务院同意，现提出如下意见。

一、明确新形势下的发展定位

（一）明确发展定位。以邓小平理论、"三个代表"重要思想、科学发展观为指导，贯彻落实党的十八大和十八届三中、四中全会精神，按照党中央、国务院有关决策部署，努力把国家级经开区建设成为带动地区经济发展和实施区域发展战略的重要载体，成为构建开放型经济新体制和培育吸引外资新优势的排头兵，成为科技创新驱动和绿色集约发展的示范区。

（二）转变发展方式。国家级经开区要在发展理念、兴办模式、管理方式等方面加快转型，努力实现由追求速度向追求质量转变，由政府主导向市场主导转变，由同质化竞争向差异化发展转变，由硬环境见长向软环境取胜转变。

（三）实施分类指导。东部地区国家级经开区要率先实现转型发展，继续提升开放水平，在更高层次参与国际经济合作和竞争，提高在全球价值链及国际分工中的地位。中西部地区国家级经开区要依托本地区比较优势，着力打造特色和优势主导产业，提高承接产业转移的能力，防止低水平重复建设，促进现代化产业集群健康发展。

（四）探索动态管理。各地区、各有关部门要加强指导和规范管理，进一步强化约束和倒逼机制，细化监督评估工作。支持经济综合实力强、产业特色明显、发展质量高等符合条件的省级开发区按程序升级为国家级经开区。对土地等资源利用效率低、环保不达标、发展长期滞后的国家级经开区，予以警告、通报、限期整改、退出等处罚，逐步做到既有升级也有退出的动态管理。

（五）完善考核体系。进一步完善《国家级经济技术开发区综合发展水平评价办法》，把创新能力、品牌建设、规划实施、生态环境、知识产权保护、投资环境、行政效能、新增债务、安全生产等作为考核的主要内容，引导国家级经开区走质量效益型发展之路。对申请升级的省级开发区实施与国家级经开区同样的综合评价标准。

二、推进体制机制创新

（六）坚持体制机制创新。各省、自治区、直辖市应根据新形势要求，因地制宜出台或修订本地区国家级经开区的地方性法规、规章，探索有条件的国家级经开区与行政区融合发展的体制机制，推动国家级经开区依法规范发展。鼓励国家级经开区创新行政管理体制，简政放权，科学设置职能机构。国家级经开区管理机构要提高行政效率和透明度，完善决策、执行和监督机制，加强事中事后监管，强化安全生产监管，健全财政管理制度，严控债务风险。

（七）推进行政管理体制改革。进一步下放审批权限，支持国家级经开区开展外商投资等管理体制改革试点，大力推进工商登记制度改革。鼓励国家级经开区试行工商营业执照、组织机构代码证、税务登记证"三证合一"等模式。鼓励在符合条件的国家级经开区开展人民币资本项目可兑换、人民币跨境使用、外汇管理改革等方面试点。

三、促进开放型经济发展

（八）提高投资质量和水平。稳步推进部分服务业领域开放，提升产业国际化水平。推动国家级经开区"走出去"参与境外经贸合作区建设，引导有条件的区内企业"走出去"。国家级经开区要充分利用外资的技术溢出和综合带动效应，积极吸引先进制造业投资，努力培育战略性新兴产业，大力发展生产性服务业。

（九）带动区域协调发展。鼓励国家级经开区按照国家区域和产业发展战略共建跨区域合作园区或合作联盟。建立国家级经开区产业发展信息平台，引导企业向中西部地区有序转移。研究支持中西部地区国家级经开区承接产业转移的金融、土地、人才政策，继续对中西部地区国家级经开区基础设施建设项目贷款予以贴息。支持符合条件的国家级经开区按程序申报设立海关特殊监管区域。

四、推动产业转型升级

（十）优化产业结构和布局。国家级经开区要按照新型工业化的要求，以提质增效升级为核心，协调发展先进制造业和现代服务业。大力推进科技研发、物流、服务外包、金融保险等服务业发展，增强产业集聚效应。在培育战略性新兴产业的同时，要因地制宜确定重点领域，避免同质竞争。

（十一）增强科技创新驱动能力。国家级经开区要坚持经济与技术并重，把保护知识产权和提高创新能力摆在更加突出的位置。鼓励条件成熟的国家级经开区建设各种形式的协同创新平台，形成产业创新集群。支持国家级经开区创建知识产权试点示范园区，推动建立严格有效的知识产权运用和保护机制。探索建立国际合作创新园，不断深化经贸领域科技创新国际合作。

（十二）加快人才体系建设。加快发展现代职业教育，提升发展保障水平，深化产教融合、校企合作，鼓励中外合作培养技术技能型人才。支持国家级经开区通过设立创业投资引导基金、创业投资贴息资金、知识产权作价入股等方式，搭建科技人才与产业对接平台。鼓励国家级经开区加大高端人才引进力度，形成有利于人才创新创业的分配、激励和保障机制。

（十三）创新投融资体制。继续鼓励政策性银行和开发性金融机构对符合条件的国家级经开区基础设施项目、公用事业项目及产业转型升级发展等方面给予信贷支持。允许符合条件的国家级经开区开发、运营企业依照国家有关规定上市和发行中期票据、短期融资券等债券产品筹集资金。支持国家级经开区同投资机构、保险公司、担保机构及商业银行合作，探索建立投保贷序时融资安排模式。鼓励有条件的国家级经开区探索同社会资本共办"区中园"。

（十四）提高信息化水平。支持国家级经开区发展软件和信息服务、物联网、云计算等产业，吸引和培育信息技术重点领域领军企业，利用信息科技手段拓展传统产业链、提升产业增值水平。积极推进国家级经开区统计信息系统应用拓展和功能提升。国家级经开区要保证信息基础设施和其他基础设施同步规划、同步建设。

五、坚持绿色集约发展

（十五）鼓励绿色低碳循环发展。支持国家级经开区创建生态工业示范园区、循环化改造示范试点园区等绿色园区，开展经贸领域节能环保国际合作，制订和完善工作指南和指标体系，加快推进国际合作生态园建设。国家级经开区要严格资源节约和环境准入门槛，大力发展节能环保产业，提高能源资源利用效率，减少污染物排放，防控环境风险。

（十六）坚持规划引领。制定国家级经开区中长期发展规划、重点产业投资促进规划。严格依据土地利用总体规划和城市总体规划开发建设，坚持科学、高效、有序开发，严禁擅自调整规划。国家级经开区内控制性详细规划应经依法批准并实现全覆盖，重点地区可开展城市设计并纳入控制性详细规划。应依法开展规划的环境影响评价。

（十七）强化土地节约集约利用。国家级经开区必须严格土地管理，严控增量，盘活存量，坚持合理、节约、集约、高效开发利用土地。加强土地开发利用动态监管，加大对闲置、低效用地的处置力度，探索存量建设用地二次开发机制。省级人民政府要建立健全土地集约利用评价、考核与奖惩制度，可在本级建设用地指标中对国家级经开区予以单列。允许符合条件且确有必要的国家级经开区按程序申报扩区或调整区位。

六、优化营商环境

（十八）规范招商引资。国家级经开区要节俭务实开展招商引资活动，提倡以产业规划为指导的专业化招商、产业链招商。加强出国（境）招商引资团组管理，加大对违规招商的巡查和处罚力度。严格执行国家财税政策和土地政策，禁止侵占被拆迁居民和被征地农民的合法利益。不得违法下放农用地转用、土地征收和供地审批权，不得以任何形式违规减免或返还土地出让金。

（十九）完善综合投资环境。国家级经开区要健全政企沟通机制，以投资者满意度为中心，完善基础设施建设，着力打造法治化、国际化的营商环境。鼓励国家级经开区依法依规开办各种要素市场，促进商品和要素自由流动、平等交换。国务院商务主管部门要发布国家级经开区投资环境建设指南，建立国家级经开区投资环境评价体系。

各地区、各有关部门要进一步深化对促进国家级经开区转型升级、创新发展工作重要意义的认识，切实加强组织领导和协调配合，明确任务分工，落实工作责任，尽快制定具体实施方案和配套政策措施，确保工作取得实效。

国务院办公厅

2014 年 10 月 30 日

附录2

国务院办公厅关于完善国家级经济技术开发区
考核制度促进创新驱动发展的指导意见

国办发〔2016〕14 号

各省、自治区、直辖市人民政府，国务院各部委、各直属机构：

经过30多年发展，国家级经济技术开发区（以下简称国家级经开区）作为先进制造业聚集区和区域经济增长极，已经成为我国经济发展的强大引擎、对外开放的重要载体和体制机制改革的试验区域，为我国形成全方位、宽领域、多层次的对外开放格局做出了突出贡献。当前，国家级经开区面临的国际国内形势和肩负的历史使命都发生了深刻变化，迫切需要通过完善考核、分类指导、综合施策，促进创新驱动发展，为稳增长调结构惠民生继续发挥生力军作用。经国务院同意，现提出以下意见。

一、总体要求

全面贯彻党的十八大和十八届三中、四中、五中全会精神，认真落实《中共中央　国务院关于构建开放型经济新体制的若干意见》和《中共中央　国务院关于深化体制机制改革加快实施创新驱动发展战略的若干意见》，牢固树立创新、协调、绿色、开放、共享的发展理念，在培育发展新动力、拓展发展新空间、构建产业新体系和发展新体制等方面，持续发挥国家级经开区窗口示范和辐射带动作用，培育有全球影响力的先进制造业、现代服务业发展基地。

（一）坚持以对外开放为引领。放宽外资准入限制，完善法治化、国际化、便利化营商环境，吸引更多中高端外资加速流入。推进国家级经开区创新外贸发展模式，进一步提高贸易便利化水平，加快培育以技术、品牌、质量、服务为核心的外贸竞争新优势。主动适应我国对外开放新形势和国际产业转移新趋势，以开放促创新，拓展对外开放新的空间和领域，更好地融入全球产业链、价值链、供应链，提高我国在全球产业分工中的地位。

（二）坚持以科技创新为动力。着力构建以企业为主体、以市场为导向、产学研相结合的技术创新体系。推进信息化与工业化深度融合，将科技创新成果转化成现实生产力，打造若干高水平、有特色优势的产业创新中心。完善创新创业政策体系，支持和鼓励新技术、新产业、新业态蓬勃发展，形成有利于创新创业的良好氛围。强化原始创新、集成创新和引进消化吸收再创新，不断提高创新发展能力。

（三）坚持以体制创新为保障。加大简政放权力度，加强事中事后监管，做到扩大开放与加强监管同步。总结和复制推广自由贸易试验区体制机制创新成果，探索在开放创新、科技研发、市场导向、金融支持、公共服务等方面创新开发区发展模式，促进国家级经开区转型发展。

（四）坚持以考核评价为导向。完善考核评价体系，从产业基础、科技创新、区域带动、生态环保、行政效能等方面，综合评价各国家级经开区的优势、进步与不足，明确未来发展方向，加强分类指导和动态管理，鼓励争先进位，不断提升发展水平。

二、目标任务

（五）发展目标。通过对国家级经开区进行考核评价，加大政策支持力度，提高政策精准度，充分调动国家级经开区加快转型升级、实现创新驱动发展的积极性，继续把国家级经开区建设成为带动地区经济发展和实施区域发展战略的重要载体，成为构建开放型经济新体制和培育吸引外资新优势的排头兵，成为科技创新驱动和绿色集约发展的示范区，成为大众创业万众创新的落脚地。

（六）主要任务。提升自主创新能力，对标国际产业发展趋势，以推动产业转型升级为核心，引领新产业、新业态发展方向，提高支柱产业对区域发展的贡献率。积极实施腾笼换鸟、凤凰涅槃战略，促进传统产业就地转型升级，劳动密集型产业向欠发达地区转移。营造资本和技术密集型产业新优势，促进国家级经开区经济保持中高速增长，产业迈向中高端水平，在更高层次参与国际经济合作和竞争。

三、完善考核评价体系

（七）完善考核制度。商务部要改革完善国家级经开区发展水平考核评价制度，制订并发布《国家级经济技术开发区综合发展水平考核评价办法》，明确审核要求，科学设计指标体系，引导国家级经开区不断改善和优化投资环境，树立国家级经开区典型范例和良好品牌，服务国家区域协调发展战略，走质量效益型发展之路。

（八）加强动态管理。商务部牵头负责组织考核评价工作，会同相关部门加强对国家级经开区的宏观指导和管理。对发展好的国家级经开区一方面在金融、土地、人才等方面给予激励政策，另一方面要鼓励其输出管理经验，带动其他国家级经开区协同发展。对发展水平滞后的国家级经开区予以警告和通报，对连续两次考核处于最后 5 名的，按程序报国务院批准后降为省级经济开发区。对申请新设立或升级为国家级经开区的，给予 2 年培育期，待培育期满后进行实地考察，经综合评价其各项指标在被培育的省级经济开发区中位居前列的，启动新设或升级办理程序。

四、夯实产业基础

（九）提升产业核心竞争力。国家级经开区要扩大对内对外开放，促进国内国际要素有序流动、资源高效配置、市场深度融合。通过考核高新技术产品进出口总额、利用外资金额、产业集群数量及中外企业设立研发中心和总部中心数量等，促进国家级经开区参与全球产业分工和价值链重组，发展外向型产业集群，打造一批行业领军企业，强力推进产业集聚、集群、集约发展，提高科技含量和附加值。发展较好的国家级经开区要构建新型产业体系，大力发展战略性新兴产业，积极创建国家新型工业化产业示范基地，同时培育制造业创新中心，推动制造业由生产型向生产服务型转变，引导制造企业延伸服务链条、增加服务环节，引领中国制造业核心竞争力和国际分工地位跃升。产业集聚程度还不高的国家级经开区要大力引资引技引智，优化产业布局，推广应用新技术、新工艺、新装备、新材料，促进现代化产业集群健康发展。

（十）创新产业投融资方式。通过考核园区产业引导基金、创业投资基金及其他形式扶持基金的设立情况，促进有条件的国家级经开区按市场化原则设立各类基金，逐步建立支持创新创业的市场化长效运行机制。重点支持发展战略性新兴产业、先进制造业、现代服务业。支持有条件的国家级经开区探索同境内外社会资本合作，共办各具特色的"区中园"，形成多层次、多渠道、多方式的投融资体系。

（十一）争取更多金融支持。通过考核产业发展和基础设施配套情况，促进国家级经开区充分利用政策性金融、开发性金融中长期融资优势和投资、贷款、债券、租赁、证券等综合金融服务优势，加快区内主导产业发展和城市地下综合管廊等基础设施建设。支持符合条件的国家级经开区开发、运营企业上市和发行债券。

五、激发创新活力

（十二）用好用足创新创业扶持政策。通过考核用于科技创新的财政支出金额、企业研发支出占比、高新技术企业数量及高新技术企业主营业务收入占比等情况，促进国家级经开区扶持创新创业企业发展，加大对科技创新的财政支持。鼓励国家级经开区综合运用政府购买服务、无偿资助、业务奖励等方式，对众创空间等新型孵化机构的房租、宽带接入和用于创业服务的公共软件、开发工具等费用给予适当财政补贴。积极落实已推广到全国的国家自主创新示范区有关税收优惠政策，推动企业加大研发力度，创建自主品牌，推进结构调整，助力创业创新。

（十三）打造创新创业服务平台。通过考核区内孵化器、众创空间和省级以上研发机构数量，促进国家级经开区通过市场化方式构建创新与创业相结合、线上与线下相结合、孵化与投资相结合的新型孵化平台和公共服务平台，为创业者提供低成本、便利化、全要素的工作空间、网络空间、社交空间和资源共享空间。有条件的国家级经开区要积极盘活闲置的商业用房、工业厂房、企业库房和物流设施，为创业者提供低成本办公场所。发挥行业领军企业、创业投资机构、社会组织的作用，积极发展众创、众包、众扶、众筹等新模式，促进高新技术企业发展。采取一口受理、网上申报、多证联办等措施为创业企业工商注册提供便利。

（十四）加快人力资源集聚。通过考核职业技能培训机构数量、硕士及以上学历人才数量占比、专业技术人才和高技能人才数量占比，促进国家级经开区深化产教融合、校企合作，建立多种形式的研发基地和职业技能培训平台，有针对性地培养各种技术技能人才。进一步创新专业技术人才和高技能人才培养、使用和激励模式，加速培育适应产业创新发展要求的高素质人才队伍。

（十五）加强知识产权运用和保护。通过考核每万人口发明专利拥有量、通过《专利合作条约》（PCT）途径提交的专利申请量、年度发明专利授权量、技术合同交易额等情况，促进国家级经开区完善知识产权政策体系，以知识产权助力创新创业，鼓励原创技术转化和产业化，促进知识产权运营，强化产业竞争力的知识产权支撑，营造良好的区域创新环境。鼓励国家级经开区深化知识产权领域改革，在知识产权综合管理、企业知识产权管理标准化、知识产权服务业、知识产权质押融资、知识产权维权机制等方面先行先试，创建知识产权试点示范园区。

六、发挥区域带动作用

（十六）促进区域协调发展。通过考核地区生产总值、公共财政预算收入、税收收入、实际使用外资、高技术制造业产值、第三产业增加值等占所在地级市比重，推动国家级经开区通过全球资源利用、业务流程再造、产业链整合、资本市场运作等方式，促进主要经济指标平衡协调，经济发展质量和效益显著提高，有效带动所在区域经济发展。通过考核合作共建园区、对口援助等情况，鼓励国家级经开区按照国家区域和产业发展战略共建跨区域合作园区或合作联盟。依托京津冀开发区创新发展联盟，促进常态化的产业合作、项目对接和企业服务，提升区域合作水平。长江经济带沿线各国家级经开区要按照市场化机制建立合作联盟，促进产业有序转移、合理布局、协调发展，构筑全国范围内具有较强竞争力和影响力的区域开放合作平台。

七、强化绿色集约发展

（十七）提高土地开发利用率。通过考核单位土地地区生产总值产出强度、土地开发利用率，促进国家级经开区科学划分产业用地与配套设施用地比例，创新土地动态监管和用地评估制度，建立健全低效用地再开发激励约束机制，盘活存量工业用地。省级人民政府在用地指标中可对国家级经开区予以单列，优先安排创新创业企业用地。探索对产业用地的供给方式和供地年限实施差别化管理。优先考虑发展好的国家级经开区扩区或调整区位需求。

（十八）鼓励绿色低碳循环发展。通过考核单位地区生产总值能耗和水耗、污染物排放、通过 ISO14000 认证企业数等情况，促进国家级经开区提高能源资源利用效率，严格环境准入门槛，增强环境监测监控能力，大力发展循环经济和环保产业，支持企业开展 ISO14000 认证，推动建立绿色、低碳、循环发展产业体系。鼓励国家级经开区创建生态工业示范园区、循环化改造示范试点园区、国家低碳工业园区等绿色园区，通过双边机制开展国际合作生态（创新）园建设，引入国际先进节能环保技术和产品。

八、推进体制机制创新

（十九）创新社会治理机制。推动国家级经开区构建适应经济转型升级的行政管理体制，探索开放创新、产业城市融合的发展模式。通过考核一般公共服务支出占比、设置安全生产机构、通过 ISO9001 质量认证等方面情况，促进国家级经开区优化机构设置，提高行政效率，健全完善与经济发展水平相适应的社会保障体系和公共医疗、基础教育等公共服务体系。

（二十）提升投资便利化程度。进一步下放外商投资审批权限，《外商投资产业指导目录》中总投资（包括增资）10 亿美元以下的鼓励类、允许类外商投资企业和总投资 1 亿美元以下的限制类外商投资企业的设立及其变更事项，由省、自治区、直辖市、计划单列市、新疆生产建设兵团、副省级城市（包括哈尔滨、长春、沈阳、济南、南京、杭州、武汉、广州、成都、西安）商务主管部门及国家级经开区负责审批和管理。国家级经开区要主动对接自由贸易试验区先行先试改革工作，率先复制推广试点经验，重点做好深化集中审批、事中事后监管等方面的改革试点经验复制工作。通过考核一站式政务服务大厅在线审批率，促进国家级经开区推进简政放权、放管结合，对企业设立、变更实行"单一窗口"，改进对企业和投资者的服务。

各地区、各部门要充分认识国家级经开区分类考核、转型升级、创新发展的重要意义，加强组织领导，健全工作机制，主动作为，尽快制订具体实施方案和配套政策措施。各省级商务主管部门和各国家级经开区要按照统一部署，认真贯彻落实考核评价各项工作要求，确保考核结果真实客观，取得实效。

国务院办公厅

2016 年 3 月 16 日

后　记

时光荏苒，光阴似箭。自 2005 年从中山大学毕业进入郑州航空工业管理学院工作至今，已经有 15 个年头。在 10 多年的从教生涯中，我得到了很多师长、朋友、同事的鼓励和帮助，也跟 1000 余名城乡规划专业的学生相遇、相识、同行过。在这个过程中，一方面，传道授业、教书育人；另一方面，着眼于城乡空间的剧变，不断地思考、调查、研究，期待科研与教学相互促进。

我对开发区的关注最早开始于读书时代。开发区是我国改革开放后城市产业经济发展的载体，对外开放的窗口，也是城市空间扩张、城市化进程推进的重要内容，一直牵引着我学术研究的目光。工作之后，我分别选择开发区、大学城、产业集聚区、城市新区、临空经济区等不同类型的新产业空间为研究对象，申报了多个研究课题，实地调研走访了多个新产业空间，并时刻追踪国家相关的发展政策，了解开发区等的最新发展态势和研究成果，关注社会经济背景的变化，完成多篇相关的论文，相继发表在《地域研究与开发》《现代城市研究》《工业建筑》《城市发展研究》等专业期刊上。

本书是我数十年来有关开发区的思考和实践研究的成果。感谢 2013 年度河南省科技厅软科学项目"河南省产业集聚区建设与产城融合发展研究"、2015 年度河南省教育厅人文社科项目"临空经济区空间格局演变、形成机制与优化路径研究——以郑州航空港经济综合试验区为例"、河南省社科联项目"城市跨越发展与郑东新区建设研究"、"开发区到产业集聚区的转型研究"课题组成员的资料和基础数据分享，在此深表谢意！本书另一作者闫芳是上述课题的重要成员，主要负责本书的第 8 章、第 9 章，其余章节和整体统筹由本人负责。

最后，感谢我的家人，他们对我的信任和默默支持是我完成本书的重要动力。漫漫人生路，感恩所有的遇到和美好，愿岁月静好！

王峰玉

2020 年 6 月